아무튼, 리코더

아무튼, 리코더

황선우

코난북스

차례

서문 ____ 6
크리스마스 선물 ____ 10
서울사이버음악대의 탄생 ____ 18
리코더가 웃기는 악기인 진짜 이유 ____ 26
나의 소중한 '리코더 섬' ____ 40
나는 언제든 ____ 52
어느 여름의 리코더 일기 ____ 54
믿음의 도약 ____ 68
바람의 노래를 들어라 ____ 78
리코더 실종 사건 ____ 94
악기 연주를 잘하고 싶은 사람들을 위한 비법 ____ 106
희망의 모양 ____ 118
바를 정(正) 스무 번이면 망신을 면하리라 ____ 128
상대적으로 특별한 ____ 144
세상은 영원히 지루하지 않을 것이다 ____ 154

서문

리코더를 불지 않는 시간에도 숨은 쉰다. 낭비되던 숨은 입술 끝에서 이 가벼운 플라스틱 대롱을 통과하는 의식을 거칠 때 어떤 모양과 색깔을 입고 세상에 나온다. 그제야 내 숨을 자각한다.

악기 연주는 카메라의 초점을 한군데 맞추는 일이다. 신체와 정신의 포커스가 또렷하게 맞으면 배경의 사물들은 성공적으로 흐려진다. 저녁에 뭐 먹지? 고양이 사료가 충분히 남았나? 반품 접수한 택배를 현관 앞에 내놨던가? 고통스러울 정도로 끊임없이 떠올라 자기 주장을 펼치며 생활을 이어가게 만드는 구체적인 생각들이 눈치껏 퇴장한다.

충분히 잘 접속되었을 때 악기와 나는 손을 꼭 잡고 둘만 잠깐 어디로 다녀온다. 요란한 소리를 내기에 모두에게 들키면서도 그 과정은 내적으로 은밀해서, 우리는 세상을 등 뒤에 남겨두고 한 계단씩 밟아 고요한 장소로 깊숙이 들어간다. 때로는 지표면에서 붕 떠오른다. 음악이 부리는 신비로운 마법이 제대로 일어나면 악기와 몸 사이의 틈이 사라지고 하나가 된다.

리코더에 몰두했을 때 나는 주둥이가 긴 새가 되어 노래를 부르고 있다. 내 것이 아니면서 내 것이기도 한 높고 가느다란 음성이 나에게서 나온다. 악기라는 소리 도구, 음악의 연장이 곧 내 몸의 연장(延長)이 되는 일체감은 반드시 전문가 수준에서만 일어나는 건 아니다. 쉽고 단순한 곡을 서툴게 연주하면서도 하늘을 나는 기분을 느낄 수 있다는 건 얼마나 놀라운 일인지. 곧 마법이 풀리면 손에 든 것은 작고 가볍고 속이 빈 플라스틱 막대기일 뿐인데.

어떤 것들은 시간이 흐를수록 쌓인다. 땅콩을 까 먹거나, 손가락을 키보드 위에서 움직여 글을 쓰거나, 종이 위에 선을 그어 그림을 그리거나, 백 피스 퍼즐을 맞출 때 우리는 지난 시간이 남긴 흔적을 눈으로 본다.

그런데 보이지 않는 음악의 시간은 어디로 갈까? 좋은 연주를 들을 때마다, 그 연주가 멋지고 아름다울수록 충만함과 함께 허탈함이 커진다. 음악은 완성에 가까워질수록 끝을 향하고, 전체 구조가 파악된 순간 종결된다. 세상을 잠시 정지시킨 것 같은 집중이 일어났다가도 어느새 다 지나 있으며, 온전히 존재하는 순간 완전히 사라진다.

공연장에 맴도는 여음을 깨뜨리며 손뼉을 부딪는 때부터 아무리 맹렬하게 방금 지나간 음악의 존재를 되새기려 해봐도 남은 것은 어떤 인상이고 몇몇 장면일 뿐, 완벽한 기록도 재현도 불가능하다. 녹음을 해서 다시 듣는다 한들 방금 전에 고막과 두뇌를 통과한 경험과 같을 리 없다. 음악의 시제에서는 오직 현재진행형만이 의미 있다.

시간은 덩어리가 너무 크고 영속적이기에 가끔 내가 그 속에 있다는 것마저 잊어버리게 되는 거대한 흐름이다. 음악을 듣거나 직접 수행하는 행위는 그 시간에 개입해 자르고 조각내는 하나의 방식이다. 나를 둘러싼 현재를 자유롭게 유영하면서 또렷하게 감각하도록 도와주며, 소중히 다룰 것을 촉구한다. 1분 30초짜리 동요부터 50분짜리 교향곡까지 어느 노래에나 시작과 끝이 있다.

음악 안팎을 종종 드나들면서 생각한다. 지금 집중해서 제대로 느끼는 것 외에 삶에서 내가 뭘 더 할 수 있단 말인가? 죽음이란 이 모든 진동이 멈추고 아무 소리도 들리지 않는 상태일 것이다.

크리스마스 선물

크리스마스는 집에서 보낸다. 예쁜 조명과 장식으로 꾸며진 화려한 장소에 가면 기분이야 나겠지만 사람 많은 곳에서 인파에 휩쓸리며, 또 성수기라 바가지를 쓰는 찝찝한 기분으로 급조된 듯한 크리스마스 특별 코스 메뉴 같은 걸 사 먹으며 시간을 보내다 잡히지 않는 택시 때문에 추위에 떨고 싶지 않으니까. 기분보다는 실용과 현실이 앞서는 어른의 관점이다.

2017년의 크리스마스도 그렇게 집에서 맞이했다. 언제나처럼 고양이 엉덩이를 두드리며, 저녁에는 넷플릭스로 연말 휴가 배경의 영화나 틀어놓고 와인을 마실까 여유롭게 구상하는 아침이었다.

그런데 티브이 옆에 가닿은 시선에 뭔가가 걸렸다. 크리스마스트리를 꾸미는 대신 집에서 가장 높고 큰 고무나무에다 선물 받은 초록과 빨강의 장식용 패브릭 양말을 걸어두었는데, 그 입구로 삐죽 나와 있는 물체가 보였다. 길고 곧고 가느다란 무언가가. 나의 첫 리코더였다.

"배워보고 싶은 악기가 있어?"

"글쎄…. 기타도 피아노도 배우다가 실패했는데. 클라리넷 같은 목관악기라면 어떨까? 어릴 때는 리코더를 잘 불었거든."

2016년부터 같이 살기 시작한 동거인 김하나 작가와 이런 대화를 나눴던 게 떠올랐다(김하나는 집에 있을 때 우쿨렐레를 즐겨 연주하곤 했다.) 별 뜻 없이 흘린 내 얘기를 기억했다가 크리스마스 선물로 리코더를 준비한 것이었다.

기분보다는 실용과 현실이 앞서는 어른이라 해도 예상하지 못한 선물 앞에서는 신이 날 수밖에 없다. 포장을 푸는 내내 큰 소리로 탄성을 지르자 고양이들이 깜짝 놀라 달아났다. 연한 올리브색 봉제 케이스 안에 한껏 나무인 척하는 색깔과 무늬로 위장한 갈색 플라스틱 악기가 들어 있다. 친숙한 사이즈, 익숙한 형태와 무게감. 야마하 브랜드의 저먼식 소프라노 리코더다.

손에 쥐고 만지작대니 그 촉감이 시간의 폭을 훅 접어 초등학교 5학년 음악 수업으로 데려가는 것 같았다. 자전거는 한번 배워두면 아무리 오래 쉬어도 몸이 타는 방법을 기억하고 있다고들 하는데 악기라면 어떨까? 게다가 쉰 기간이 30년이나 된다면…? 어릴 때 잘 불었던 리코더 실력이 지금은 어떤지 알아볼 차례였다.

오랜만에 자전거를 탈 때 기우뚱거리며 페달을 밟듯, 조심스럽게 손가락으로 구멍을 막은 뒤 리코더를 입에 갖다대고 첫 숨을 불어넣었다.

도레미파솔라시도레미파솔~!
오, 내 손가락도 기특하게 기억력이 좋았다. 소프라노 리코더가 가진 아주 좁은 음역대 안에서의 운지법을 아직 알고 있었다. 자, 이제 뭘 연주하면 좋을까? 크리스마스니까 고민할 일 없이 캐롤이다.

솔솔솔 솔미 솔솔솔 솔미 솔 솔미 솔도시~
창밖을 보라 창밖을 보라 흰 눈이 내린다~
레레레 레도 시시시 시라 솔 솔솔파 파미~
창밖을 보라 창밖을 보라 찬 겨울이 왔다~

솔라솔 미도 라솔 솔라 솔라솔도 시~
루돌프 사슴 코는 매우 반짝이는 코~
파솔 파레 시라솔 솔 라솔라 솔라미~
만일 네가 봤다면 불 붙는다 했겠지~

도라솔미 도라 솔미 미레 도라라라
거리마다 오고 가는 많은 사람들이
레도시솔 파#파솔파 파미~
웃으면서 기다리는 크리스마스~

파죽지세로 불어나가다가 〈실버벨〉에서는 처음으로 등장한 반음 때문에 약간 멈칫댄 구간이 있었지만, 무리 없이 끝까지 연주했다. 악보가 없어도 연주할 수 있는 건 악보를 보지 않고도 노래를 부를 수 있는 것과 똑같다. 이 캐롤들을 어릴 때부터 들어왔기 때문에 멜로디와 가사를 자연스럽게 기억하는 것처럼 애쓰지 않아도 노래가 나왔다. 입을 벙긋여 부르는 대신 내 숨으로, 리코더를 통과하는 노래였다.

방을 가득 채우기 위해서는 초 하나에 불을 켜는 것으로 충분하다고 하는 옛날 이야기처럼 우리 집은 작은 리코더 하나가 내는 가느다란 소리로 가득 찼다. 반짝이는 별이나 전구 없이도 온통 크리스마스였다. 다소 소란스럽고 우스꽝스러운 음률로 캐롤 음악이 멈추지 않고 흘렀으니까.

나중에 김하나의 회상에 따르면 나는 무슨 피리 물고 태어난 사람처럼 두 시간 내리 리코더를 불었다고 한다. 전래동화 같은 데 나오는, 쇠잔등에 앉아 피리 소리로 뭇사람을 홀리며 논두렁을 지나가는 신선이 보였다는 것이다. 그 광경은 무척 신기하고도 시끄러웠다고⋯.

기억하는 캐롤을 모조리 불어버린 다음에는 만

화 주제곡과 동요로 넘어갔다. 신선답지는 못하지만 전체 멜로디를 외고 있는 단순한 노래들이니까.

개구리 소년 빰빠밤 개구리 소년 빰빠밤
네가 울면 무지개 연못에 비가 온단다

곡조가 은근히 구슬펐다. 연주하다 보니 '개구리 왕눈이'도 피리 연주자라는 반가운 사실을 알게 되었다. '울지 말고 일어나 피리를 불어라 빰빠밤.'

요리 보고 조리 봐도 알 수 없는 둘리 둘리

엄마가 섬 그늘에 굴 따러 가면
아기가 혼자 남아 집을 보다가

30년 만의 즐거운 시간이었다. 그리고 자전거를 탈 때 그렇듯 악기 연주에 몰두해서 시간 가는 줄 잊어버리는 경험도 꼭 30년 만이었다. 영원히 이렇게 놀 수 있을 것 같았다. 물아일체에서 깨어 나와 리코더 불기를 멈춘 건 이미 배가 고파왔기 때문이다. 사람의 입은 왜 먹거나 리코더를 불거나 둘 중 하나만 할 수 있단 말인가…!

몰입과 집중의 즐거움을 동거인에게 선물 받았다. 메마른 어른에게도 어린이의 마음을 돌려주는 크리스마스의 작은 기적이었다.

성탄절이 지나고, 새해가 시작되었다. 즉흥 크리스마스 자선 콘서트에 예술혼을 다 쏟아낸 나는 다시 바쁘게 회사를 다니는 생활로 돌아왔다. 올리브색 케이스 속으로 들어가 잠이 든 리코더 위에도 뽀얗게 먼지가 쌓여갔다.

악기 연주는 긴 시간을 필요로 하지 않지만 대신 요구하는 중요한 조건이 있었다. 마음의 여유. 대한민국 직장인 대부분이 그러하듯 나도 좀처럼 가져보지 못한 그것. 리코더는 즐거웠지만 요란하게 지나가는 하루의 이벤트로 보였으며, 휴일이 지나자 리코더 없이 살던 지난 30년의 시간이 여전히 이어지는 것 같았다. 꼬마 전구에 불이 꺼지면 신나는 일들은 다 끝나고 다시 일상으로 돌아오는 크리스마스처럼.

서울사이버음악대의 탄생

리코더에 쌓인 먼지를 털어내고 본격적으로 연주를 하게 된 건 이 악기를 선물 받은 지 두 해나 지나서였다. 그사이 나는 회사를 그만두며 프리랜서가 되었고, 세상에는 코로나 팬데믹의 그림자가 드리워져 있었다. 촘촘하게 돌아가던 나의 일상에도 세계의 움직임에도 틈이 벌어져 일그러지면서, 갑자기 당황스러울 정도로 많은 시간이 주어졌다.

성인이 된 후로는 내내 돌아서면 할 일이 쌓여 있었다. 일을 하거나, 아니면 할 일을 미루면서 누굴 만나 놀거나 하느라 바쁜 삶을 살아왔다. 이런 삶의 방식을 바꿀 마음도 없었다. 바쁜 상태를 유지하는 일은 삶의 고통이나 해결되지 않는 문제들, 존재의 근원적인 질문에서 도망치면서 뭐라도 하고 있다는 안도감을 주기 때문에 일종의 마약성 진통제 같은 역할을 한다. 쉽게 말해 잡생각이 없어지는 것이다. 『어린 왕자』에서 어린 왕자와 술꾼의 대화를 변형해보자면 이런 식의 대화가 가능할지 모른다.

어린 왕자: 왜 그렇게 바빠요?
바쁜 사람: 잊으려고.
어린 왕자: 뭘 잊으려고요?
바쁜 사람: 괴로운 걸 잊으려고.

어린 왕자: 뭐가 괴로운데요?
바쁜 사람: 바쁜 게 괴로워.

안 바쁘게 된 나는 아주 오랜만에 낯선 감각과 솔직하게 대면해야 했다. 심심하다는 느낌. 시간의 여백이 데려온 심심함이라는 손님은 함부로 여행 가방을 펼치듯 죽음과 질병과 삶의 유한함과 불확실한 미래에 대한 온갖 잡생각의 꾸러미를 줄줄이 풀어놓았다.

시간을 보내는 나만의 창의적인 방법을 개발해야 할 때였다. 내가 기억하는 최고로 심심했던 시기는 어린이 시절 방학이다. 요즘의 초등학생들이라면 학원 투어를 돌거나 부모님과 해외 여행을 가느라 바쁘겠지만, 1980년대에 국민학교를 다닌 나는 그야말로 방치된 채 시간을 때웠다.

덕분에 집 안에서 가장 손쉽게 구할 수 있는 놀이 상대인 친오빠와 온갖 놀이를 함께 개발했다. 오빠의 프라모델 로봇을 각자의 양손에 하나씩 쥐고 움직이고 서로 대화를 나누는 로봇-인형 놀이가 그중 하나였다. 유일한 디스플레이 기기였던 브라운관 티브이 옆으로, 카세트플레이어에 스피커가 달린 붐박스, 선풍기 같은 몇 안 되는 전자제품을 다 옮겨

와서 동그랗게 배치한 가상의 우주선 공간을 만들고, 그 가운데서 온갖 버튼을 눌러 조작하는 우주비행사 운항 역할극도 질리지 않았다. 대충 점심 먹고 난 뒤부터 그렇게 시간을 보내며 놀다가 엄마가 하루에 하나씩만 사주는 50원짜리 깐도리 하드를 먹고 나면 슬슬 그날의 만화영화를 방영하는 시간이 되었다.

　　코로나로 인한 방학기를 맞은 나에게는 마침 접근성이 최고로 좋은 놀이 상대인 동거인 김하나가 곁에 있었고, 우리 둘은 시간을 가장 쉽게 잊어버릴 수 있는 방법을 한 가지 알고 있었다. 그건 바로 악기 연주였다. 외우고 있던 크리스마스 캐롤이나 만화 영화 주제곡 말고도 쉬운 곡들의 악보를 구해서 하나씩 불어보기 시작했다.

　　리코더를 부는 동안만큼은 호흡으로 전해지는 심각한 질병에 대한 생각을 멈출 수 있었다. 팬데믹에 가로막혀 계획이 틀어져버린 업무와 기약 없이 못 받고 있는 돈에 대해서도 용서할 수 있었다. 나의 생계와 일상을 뒤흔들어놓은, 숨막히는 감염병 확산의 상황을 잠깐 잊어버렸다. 리코더를 부는 일은 나에게 말 그대로 숨을 쉬는 일이었다. 매일 악기를 가지고 시간을 보내니 연주 실력이 조금씩 나아지기도 했다. 멈춰 있거나 나빠지는 게 대부분으로 보이는 시기를 통과하는 중에 뭐라도 발전한다는 감각은 작지만 단단한 위로가 되었다.

게다가 김하나의 우쿨렐레와 나의 리코더가 만나자 놀라운 일이 벌어졌다. 음악을 구성하는 세 가지 요소인 선율, 리듬, 화성을 우리 안에서 자급자족할 수 있게 된 것이다. 고작 두 옥타브밖에 안 되지만 내 리코더의 음계 안에서 흘러나오는 멜로디, 김하나의 우쿨렐레가 만들어내는 리듬, 그리고 우리 둘의 조화에서 생겨나는 하모니.

물론 합주를 시작한 당시에는 그저 둘이서 뚱땅거리며 만들어내는 소리에서 음악이 태어난다는 게 신기했다. 나 혼자서 〈루돌프 사슴코〉를 불 때 그건 연주라기보다 장난에 가까웠는데, 김하나의 반주 코드가 더해지니 서투르나마 온전한 무엇이 되었다. 합주를 하고서야 화음(harmony)도 불협화음(cacophony)도 둘 이상의 소리가 공존할 때 가능한 개념임을 깨달았다.

"만약 이 세상에 신이 있다면 너나 나, 우리 안에 존재하는 게 아니라 우리 사이에 존재한다고 믿어."

영화 〈비포 선라이즈〉에서 셀린의 대사처럼 음

악도 우리 사이에 존재했다.

　한두 달에 한 번, 인스타그램 계정의 라이브 기능을 켜두고 연주를 했다. 둘만의 놀이였다면 마주앉아 뚱땅거리고 시간을 보내는 걸로 끝이었을 텐데, SNS 팔로어들과 약속을 잡아 미리 연주 날짜를 공표해두니 자연스럽게 지키고 싶은 형식이 생겨났다.

　분위기가 맞는 노래 대여섯 곡을 골라 세트리스트(setlist)를 짜고 그 안에서 기승전결이 만들어지게 흐름을 배치하는 식으로 온라인 미니 콘서트를 준비했다. 기한 안에는 어떻게든 새로운 곡을 마스터해야 하니 다음 라이브 일시를 정해두면 신나게 연습을 하는 동안 몇 주가 훌쩍 흘러 있었다. 라이브 시간이 다가오면 두 사람이 세로로 한 앵글 안에 잡히도록 삼각대를 놓고 휴대폰 카메라를 배치했다. 그렇다, 우리는 초보 주제에 어디서 본 건 많았다⋯.

　비틀즈의 가장 예쁜 곡 중 하나일 〈아이 윌(I Will)〉, 리사 오노의 느긋한 보사노바 〈아이 위시 유 러브(I Wish You Love)〉, 버트 바카락의 친숙한 영화음악 〈레인드롭스 킵 폴링 온 마이 헤드(Raindrops Keep Fallin' on My Head)〉, 스탠더드 재즈 명곡 〈플라이 미 투 더 문(Fly Me to the Moon)〉 같은 곡들이 우리의 시간을 채워갔다. 그저 무료함을 잊는 걸 넘어 때때로 충만한 감정을 느끼게 했다. 음악의 힘이었다.

감염병 시기의 우울을 점차 벗어나면서 나는 깨달았다. 죽음이 도처에 도사리고 있을 때, 그것과 멀어지는 가장 좋은 방법은 집중해서 사는 일이다. 삶 그 자체가 생기를 띠도록 양분을 공급하며 자라나는 모양을 받아들이고, 물결이 어디로 흘러가는지 관조하기보다 몸을 풍덩 빠뜨려 헤엄치는 일이다. 우리의 작고 소박한 악단은, 미세한 세포분열로부터 출발한 어떤 유기체가 자기 나름의 에너지 대사를 거쳐 성장하듯 뼈대를 형성하고 살을 붙이며 무럭무럭 자라났다.

이 작은 밴드에도 이름을 불러주어야 하지 않을까? 당시 김하나와 나는 서로를 '서울사이버대학교'라 부르는 장난을 종종 쳤다. '서울사이버대학을 다니고 나의 성공 시대 시작됐다' 하는 광고 음악이 워낙 유명한데, 우리 역시 같이 살기 시작하고서 서로가 서로에게 성공 시대를 열어주고 있다는 뜻을 담아 시작된 농담이었다. 집 거실을 유일한 무대 삼아 온라인을 기반으로 활동하던 우리 팀은 그렇게 '서울사이버음악대', 줄여서 '서사음'이 되었다. 문제의 그 서울사이버대학 CM송도 우리의 단골 연주 레퍼토리에 포함되었음은 물론이다.

코로나19가 남긴 상처와 상실에서도, 그 시기를 견딘 특유의 방식들에서도 어느새 조금씩 멀어져 왔지만 서사음만은 여전히 소중하게 유지되고 있다.

우리의 팀워크도 성장했다. 같이 힘든 시기를 겪은 사람들의 단단한 결속을, 힘 모아 멋진 것을 만들어본 사람들의 눈부신 환희를 함께 느꼈다. 게다가 리코더와 우쿨렐레, 우리 각자가 다루는 이 작고 소박한 악기들은 장난스러운 음색도, 손 안에 쏙 들어오는 조그만 스케일도, 어딘가 만만해서 웃음을 자아내는 사회적 위상까지도 급이 맞고 잘 어울린다. 지금도 내 반주자 김하나와 함께할 때 나는 임윤찬의 피아노 반주에 호흡을 맞추는 첼리스트 한재민이 부럽지 않다.

리코더가 웃기는 악기인 진짜 이유

리코더 역사상 가장 유명한 유튜브 클립은 셀린 디옹이 부른 영화 〈타이타닉〉의 주제곡 〈마이 하트 윌 고 온(My Heart Will Go On)〉을 커버한 영상일 것이다.

굽슬굽슬한 단발머리를 한 남자가 어둑하게 촛불 밝힌 술집, 바람 부는 부둣가, 차 안, 공원 등 장소를 옮겨 가며 구슬픈 곡조를 연주하는 이 비디오는 15년 전에 업로드되어 2025년 6월 현재 조회수 3940만 회를 기록하면서 많은 사람에게 웃음을 주었다.

헤어스타일만은 색소폰 연주자 케니 G 못지않은 실력자로 보이지만 남자는 실소를 자아내는 연주를 한다. 잘 못 부는 데다 리코더를 손에 든 채 갑자기 발차기를 하고, 단추 풀린 셔츠 사이로 나온 배 양쪽으로 옷자락을 휘날리며 자기 도취에 빠지는 등의 과장된 몸짓으로 더 웃긴다. 이 영상의 댓글 창에는 이런 반응들이 있다.

'누가 양파를 자르고 있어?'
'세계가 끝을 맞을 때 엔딩 크레딧에는 이 노래가 흐를 것이다.'
'내 귀에서는 피가 나지만 내 영혼은 노래하고 있다.'

'내 귀에서는 피가 나고 눈에서는 눈물이 나지만 내 입은 웃고 있다.'
'틀린 음을 내는 건 괜찮다. 하지만 열정 없이 연주하는 건 용서할 수 없다. -베토벤'

같은 곡을 불어본 리코더 연주자로서 주의 깊게 들어보면 진짜 못하는 연주라기보다 다분히 의도적으로 틀려가며 리코더를 불고 있다는 게 느껴진다. 틀리되, 특정한 방식으로 틀리는 패턴과 질서가 보인다고 할까. 이 사람은 적절한 불협화음과 적당한 음이탈을 섞어가며 어떻게 하면 리코더로 웃길 수 있는지 방법을 아는 것 같다.

이 채널의 운영자 맷 멀홀랜드는 뉴질랜드의 싱어 송라이터이자 여러 악기를 능숙하게 다루는 뮤지션이다. 유명해진 이 영상 하나만 본 사람은 코미디언인가 보다 하겠지만, 같은 채널에 올라와 있는 다른 자작곡들을 들어보면 너무 진지하고 완성도 있는 팝 음악이라 놀랍다. 그러니까 멀홀랜드는 음악 문외한이 아니라 도리어 음악을 깊이 이해한 뮤지션이기에 '못 부는 리코더'를 연기하는 방법을 더 효율적으로 숙지할 수 있는 것이다.

리코더는 웃기는 악기인가? 절대로 그렇지 않

다. 조금만 관심을 기울이면 리코더 전문 연주자들이 펼치는 진지한 음악 세계를 접할 수 있다. 저렴하게 만들어진 플라스틱 버전이 아닌 정식 나무 리코더를 사용하는 전문 리코디스트의 연주를 들어보면 맑고 부드럽게 흐르는 샘물 같은 소리에 깜짝 놀라게 된다. 졸졸 흐르는 그 소리가 내 영혼의 때까지 구석구석 씻어내는 것 같다.

리코디스트 남형주의 공연에 가서 그런 경험을 했다. 남형주 님은 공군 군악대에서 복무하다가 〈왕벌의 비행〉을 리코더로 연주한 영상이 화제가 되며 '유퀴즈 온 더 블록'에까지 출연한 바 있어 우리 리코더계에서는 멀홀랜드만큼이나 유명해진 분이다. 내가 감상한 공연은 '남형주와 친구들'이라는 제목으로, 일본 고음악 콩쿠르에서 만나 교류하게 된 청년 음악가들이 의기투합해 기획한 공연이었다. 피아노의 전신인 하프시코드, 바로크 시대의 첼로인 비올라 다 감바, 바로크 플루트인 트라베소 등 흔히 볼 수 없는 바로크 시대 악기들이 어우러진 귀한 자리였다.

하프시코드 연주자는 인터미션 시간에도 쉬지 못한 채 무대에 머무르며 2부를 위해 자신의 악기를 조율했다. 건반을 누를 때 해머가 현을 때리는 피아노와 달리 하프시코드는 현을 튕겨 소리를 내고, 현악기의 줄이 느슨해졌을 때 다시 조이는 것과 같이 수시로 음을 조정해야 한다. 고음악 악기들이 한데 모여 내는 소리를 들으니 청각적 '쥬라기 공원' 속에 들어와 있는 것 같았다.

현대와 비교적 가까운 낭만 시대나 고전 시대보다 더 거슬러 올라가는 바로크 시대의 음악에 대해서는 무엇이 '진짜'인가 하는 견해들이 교차하는 것 같다. 3백 년 가까운 시간이 흐르는 동안 악기도 개량되면서 형태나 소리가 많이 달라졌으니 최대한 그 시대 그대로의 악기로 연주해야 한다는 엄격한 입장을 '정격 연주'라고 부른다. 정격(正格, authentic)이라는 말 자체가 다른 해석은 제대로 된 격식이 아니라는 폐쇄적인 뜻을 품고 있어 요즘은 원전 연주, 시대 연주라는 말이 더 자주 쓰인다.

첼리스트 문태국의 인터뷰를 보다가 바흐 무반주 첼로 모음곡 앨범을 녹음하면서 거트 현과 바로크 시대의 활을 사용했다는 얘기를 접했다. 거트(gut) 현은 요즘같이 합성섬유에 금속 소재를 입혀 악기 줄을 만드는 기술이 발달하기 전, 양 내장을 꼬아 만든 줄이다. 예리하고 정확하기보다는 풍부하고 따뜻한 음색이 난다고 하는데, 내 무딘 귀로는 잘 알아채기 어려웠다. 소리가 풍부하고 따뜻하게 느껴지긴 했지만 이 연주자가 가진 특질인지 특별한 현이나 활에서 오는 다름인지 구분할 수 없었다. 이런 작은 차이까지 예민하게 감지하고 큰 수고로움을 고집하며 스스로 의도하는 결과물을 끝까지 추구하는 게 아마 예술가들의 세계일 테다.

남형주 리코디스트는 고음악 연주자 동료들과의 공연을 위해 텔레만의 음악으로 전체 프로그램을 구성했다. 텔레만은 3천 곡이 넘는 작품을 남기며 왕성하게 활동했던 18세기 작곡가로(동시대의 바흐는 1천여 곡을 남겼다고 하니 굉장한 다작이다), 리코더 음악을 듣다 보면 자주 방문하지 않을 수 없는, 강남역 환승센터 같은 존재다.

리코더 독주 혹은 건반악기의 반주만 있을 때보다 이런저런 조합으로 '친구들' 악기와 짝을 지어 들려주니 리코더의 매력이 입체적으로 살아났다. 리코더는 화려한 음색과 더 큰 음량을 가진 관악기들에 밀려서 고전 시대 이후 서양 음악계에서 설 자리가 좁아졌다고 한다.

그런데 점차 사라지게 된 바로 그 특징이야말로 이 악기만의 특별함이라는 생각이 들어 어쩐지 애틋했다. 담백하고 크지 않은 소리는 사람을 가만히 끌어당겨 귀 기울이게 하고 청명한 음색은 공기 속에 반짝이는 잔물결처럼 퍼져나간다. 리코더의 정수를 느끼게 되는 훌륭한 연주였다.

공연장은 창경궁 인근에 있는 원불교 원남교당이었다. 종교의식을 위해 설계된 예배당인 만큼 경건한 마음으로 집중할 수 있는 분위기여서, 유럽을 여행할 때면 교회나 성당마다 열리는 작은 공연에 들어가 길고 딱딱한 나무 의자에 앉던 경험을 떠올리게 했다. 언어가 통하지 않아도 한 방향으로 십자가를 향해 앉아 가만히 귀 기울일 때 공유하던 경건하고 숭고한 느낌. 남형주 리코디스트의 음악을 들을 때도 그렇게 하늘에 가까워지는 기분이었다.

마지막 곡인 텔레만의 〈타펠 무지크〉는 독일어에서 영어로 옮기자면 '테이블 뮤직', 당시의 귀족들이 식사를 하면서 듣는 음악이었다. 집중과 존중을 받아 마땅할 이런 전문가들의 연주를 배경으로 흘러가게 둔 채 달그락거리며 음식 냄새를 풍겼다는 사실에 21세기 민주공화국의 시민으로서는 은근히 빈정이 상했다. 물론 그 시대 귀족들이 여러 작곡가를 적극적으로 후원하고 작품을 의뢰한 덕분에 현대의 음악 감상자들이 그 유산을 누리고 있기는 하지만.

봉준호 감독은 자신의 영화 속에 바로크 시대 음악을 골라 넣거나 바로크 음악의 분위기를 주문해서 만든 스코어를 사용하는 경우가 잦은데, 아무래도 이런 식의 빈정 상함을 그 역시 자주 느껴온 것 같다. 팟캐스트 '김혜리의 필름클럽'에 그가 출연했을 때 이 프로그램의 최다은 피디가 바로크 음악에 대해 특별히 느끼는 심상이 있는지를 묻자 봉 감독은 이렇게 답했다.

"바로크 음악을 욕하고 싶은 건 아닌데⋯ 너무 아름답고 저도 많이 듣습니다만, 제 영화에서 바로크 음악이 쓰일 때는 인물이나 상황이 허세로 가득할 때입니다. 〈기생충〉에서 점잖은 척하면서 사람 뒤통수 때리는 장면에다가 〈믿음의 벨트〉를 쓰는 식이죠."

바로크 음악의 구조와 형식, 바로크 악기 특유의 음색은 자동으로 봉준호 감독에게 교회나 궁정이 평범한 악사들보다 상위에 있던 시대를 소환하는지도 모르겠다. 있는 그대로의 아름다움보다는 풍자의 요소, 블랙 유머의 코드로 음악이 활용되는 것이다. 말하자면 귀족도 아니면서 귀족인 양 식사 자리에 풍악을 울리는 사람들의 오만을 비웃기 위한 장치로서 바로크의 디테일이 사용된다. 가족 영화를 만들어도 가슴이 따뜻해지는 이야기보다는 이상하게 자꾸 피바다가 된다는 봉 감독에게 배우 윤여정 선생은 이렇게 말한 바 있다. "그거는 봉 감독이 사회학과를 나와서 그래."

예술에는 정답이 없다. 20세기 후반 음악학계에서는 논쟁이 격렬했다고 하지만, 고음악을 그 시대 악기로 연주하는 것 또한 맞고 틀림의 문제로 볼 일은 아닐 것이다. 그 시대의 음악을 다음 시대의 악기로 연주하는 것이 틀리다면 바흐의 골드베르크 변주곡도 피아노로 연주해서는 안 되었던 것 아닐까? 많은 사람에게 사랑받으며 이 곡의 아름다움을 널리 알린 글렌 굴드의 해석을 누가 '옳지 않다'라고 할 수 있을까?

서울대 민은기 교수는 『난생처음 한번 들어 보는 클래식 수업 4 - 헨델, 멈출 수 없는 노래』에서 무엇보다 작곡가의 의도를 고려해야 한다고 언급한다. 청중을 염두에 두고 음악을 만들었던 당시의 작곡가들에게 현대와 같은 청중, 성능 좋은 악기, 연주자들의 규모와 역량이 주어졌다면 적극적으로 활용하지 않을 이유가 없었으리라는 의견인데 고개가 끄덕여진다.

오히려 바로크 시대의 악보는 악기도 곡의 빠

르기도 못 박아 규정하지 않고 연주자에게 가능성을 열어놓은 경우가 많아서 음악가들에게 도전 욕구를 불러일으키지 않을까 싶다. 감상자로서는 이렇게 시대 연주를 시도하면서 음악인들이 굳이 감수하는 번거로움과 불편함에 감사할 따름이다. 그런 행위가 정답만을 고집해서 좁아지는 방향이기보다, 듣는 이들의 선택을 넓혀주고 음악 자체의 생태계를 풍성하게 하는 다양성 가운데 하나라고 믿는다. 수백 년 된 클래식 음악을 화석으로 굳히지 않고 계속 살아 있게 하는 양분은 후대 음악인들의 여러 해석과 시도일 것이다.

피아니스트 임윤찬은 본인이 사랑한다고 여러 번 언급한 바 있는 피아니스트 유리 에고로프의 영문 일기 책에서 한 페이지를 찍어 인스타그램 스토리에 올린 직후에 계정을 닫아버린 적이 있다. 그 강렬한 인용 문구를 옮겨 보면 다음과 같다.

"유리 에고로프에게 물었다. '당신은 악보를 성경 말씀처럼 따릅니까, 아니면 자유롭게 연주하는 편입니까?' 에고로프가 답했다. '악보는 북쪽 같은 겁니다. 방향을 알려주지만 정확히 거기 사는 사람은 아무도 없죠.'"

리코더는 웃기는 악기가 아니다. 다만 프로와

아마추어의 두 가지 세계가 명확히 나뉘는 악기이며, 그 두 층위는 평화롭게 공존한다.

움베르토 에코의 책 『세상의 바보들에게 웃으면서 화내는 방법』에는 '축구 이야기를 하지 않는 방법'이라는 글이 실려 있다. 에코 자신은 축구를 싫어하는 게 아니라 축구 애호가들을 싫어할 뿐이라면서, 전혀 관심 없는 사람에게까지 열띠게 축구 이야기를 건네는 그들의 행태를 비꼬는 내용이다.

리코더 애호가이자 연주자였던 에코는 입장을 바꿔서 기차에서 맞은편 좌석에 앉은 사람에게 자기가 리코더 얘기만 줄곧 늘어놓는다면 누가 알아듣겠느냐고 반문한다. 그의 글에는 텔레만의 환상곡, 리코더 연주자 프란스 브뤼헨(Frans Brüggen), 리코더의 독일식 이름인 블록플뢰테(Blockflöte), 체임버 오케스트라인 '아카데미 오브 세인트 마틴 인 더 필즈' 같이 아는 사람만 알 명칭들이 역자 각주를 달고 줄줄이 등장한다.

에코는 나무 리코더의 세계에 속한 사람이다. 그런데 플라스틱 리코더의 세계에 속한 내 경우에는 리코더 얘기를 꺼내면 환대받는 경험이 더 자주 있었다. 리코더를 분다고 하면 사람들은 크게 반가워하며 두 종류로 반응한다.

"아 리코더, 저도 어릴 때 잘 불었어요."
아니면,
"아 리코더, 우리 애가 잘 불어요."

전문 연주자들의 나무 리코더가 프로의 세계, 시대 연주의 고독하고 엄격한 무대 소속이라면, 플라스틱 리코더는 아마추어의 세계, 관대하고 소란스러운 초등학교 음악 교실 소속이다. 이보다 만만한 악기가 없다. '동네 아는 형'의 친근하고 나사 빠진 얼굴을 어디서 발견하면 일단 긴장을 풀고 웃게 되듯 사람들은 리코더 소리에 본능적으로 반응한다.

당신이 영화 음악가라고 생각해보자. 그리고 이런 의뢰를 받았다고 가정해보자.

'서바이벌 게임을 소재로 한 넷플릭스 시리즈에 음악을 만들어주세요. 무궁화꽃이 피었습니다, 땅따먹기, 딱지치기 같은 어린 시절 놀이가 등장합니다.'

어디서부터 출발해야 할까? 리코더를 떠올렸다면 영리한 선택이다. 〈오징어 게임〉의 정재일 음악감독도 리코더를 337 박수 리듬으로 부는 아이디어부터 시작해서 오리지널 스코어를 만들었다. 그가 작업한 오프닝 음악 〈웨이 백 덴(Way Back

Then)〉에 들어간 리코더, 캐스터네츠, 멜로디언, 트라이앵글, 소고 모두 초등학교 음악 시간에 접하는 악기들이다.

리코더는 아마추어들에게 널리 열려 있고 접근성이 좋다 보니 누구나 쉽게 연주하다가 다양한 실수를 한다. 어느새 이 악기 자체가 켜켜이 웃음을 담은 상징물이 되어, 특유의 소리만 들으면 뇌에 저장된 추억의 압축이 풀린다. 다양한 서투름을 목격했던 각자의 경험을 소환하면서.

그래서 리코더 소리를 들으면 사람들은 반사적으로 웃는다. 저마다 어린 시절 리코더를 불다가 냈던 삑사리를, 콧구멍으로 리코더에 바람을 불어넣던 친구를, 망쳐버렸지만 아무렴 어떤가 싶게 지나가버린 수행평가를 떠올린다.

음악으로 감동을 자아내기는 쉽지 않은 일이지만 웃기기도 마찬가지로 쉬운 일이 아닌데 리코더는 그걸 자주 해낸다. 둘 중 뭐든 할 수 있다면 굉장한 능력이 아닌가.

맷 멀홀랜드의 〈마이 하트 윌 고 온〉 연주 영상에 달린 댓글 중에서 나는 이걸 제일 좋아한다.

'처음엔 웃었다. 두 번째는 그리워졌다. 세

번째엔 이 연주와 사랑에 빠졌다. 세상 모든 것이 완벽할 필요는 없고 때론 그 자체로 아름답게 느껴질 수 있다는 걸 배운다. 그리고 여전히 웃기다.'

나의 소중한 '리코더 섬'

픽사 애니메이션 〈인사이드 아웃 2〉에서 열세 살인 주인공 라일리의 내면 공간에는 핵심 기억들이 만든 자아의 섬이 있다. 가족, 우정, 정직이나 엉뚱함같이 이 소녀를 다른 이들과 구분 짓는 본질적인 성격의 덩어리 가운데 하나는 '하키 섬'이다.

라일리는 어린 시절에 살던 미네소타에서부터 아이스하키를 즐겨왔으며, 이 스포츠를 연습하고 경기에 나가는 경험들을 통해 소속감, 성취, 경쟁심, 패배, 실망, 열등감 같은 굵직한 감정을 받아들이고 다루는 법을 배워왔다. 친구나 가족과의 의미 있는 교류의 순간에도 아이스하키가 있었다.

자라면서 한 종목의 운동이나 한 종류의 악기를 진지하게 배워본 청소년들에게는 라일리처럼 농구 섬, 태권도 섬, 피아노 섬, 바이올린 섬이 있을지 모르겠다. 나에게 그 자리는 비어 있었다.

리코더에 대한 특별한 기억이 없다. 애쓰지 않아도 쉽게 다룰 수 있어서 그랬을까? 누구나 배우는 교과 과정의 일부이고, 리코더 자체가 뛰어남을 드러내거나 우수함을 인정받는 수단이 못 돼서일 수도 있다. 리코더는 남다른 특별함, 승리나 패배, 노력과 성취의 응축된 서사를 만들어낼 만한 드라마틱한 악기는 아니다. 그러니까 차곡차곡 쌓여서 '나만의' 자아 섬을 이룰 만한 건덕지가 내게는 도무지 없었다.

리코더를 둘러싼 기억 대부분은 초등학교 6학년 때 몇 달 연습해서 오케스트라 합주를 했던 일이다. 우리 반만 그랬던 걸 보면 담임선생님이 음악에 열정이 있으셨던 것 같다. 지휘를 했던 박소희가 입은 버건디색 긴소매 벨벳 원피스가 아직도 떠오르는 걸 보면 초겨울이었던 것 같다. 서울에서 전학 와서 표준어를 쓰던 아이였다.

중요한 악기가 몇 가지 있었는데 대개 공부를 잘하는 여자아이들 위주로 배분되었다. 대부분 학교 근처 아파트에 사는 아이들이었다. 반주 피아노(연습할 때는 학급마다 배치된 풍금을 쳤던 것도 같다) 그리고 서서 두드리는 커다란 실로폰 두 대. 나무 건반으로 된 게 하나, 철 건반으로 된 게 하나였는데 그때는 실로폰이라고 불렀지만 아마 지금으로 치자면 마림바와 비브라폰이 아닌가 싶다. 연습 시간이면 음악실에서 이 덩치 큰 악기들을 밀고 끌어 오느라 시끌시끌 소란스러웠다.

특별한 악기를 맡은 애들은 키도 크고 어른스러워서 악기도 연주자도 여러모로 눈에 띄고 주목을 받았다. 음악 훈련이 어느 정도 되어 있는 학생

위주로 뽑다 보니 그랬을 수도 있지만 공교롭게도 어머니들이 학교에서 여러 활동을 하는 아이들이기도 했다.

부잣집 엄마들은 교육에 열성적이고, 그런 집 아이들이 대체로 옷도 깔끔하게 잘 입으며 악기도 잘 다루는, 닫힌 구조의 순환논리랄까. 선생님은 어디까지나 돈 많은 집 애들을 지명한 게 아니라 악기 잘하는 애들을 추린 거겠지만 학급 오케스트라의 피라미드 구조는 아이들 가족의 계급과 분리할 수 없는 문제였다.

물론 어릴 때는 문화자본이라는 말도 몰랐고, 현실을 이렇게 예민하게 파악할 줄도 몰랐다. 그저 30년이 넘게 지나서 돌아보니 조금 의아할 뿐이다. 나 자신이 그때 뭘 어떻게 했는지보다 눈에 띄는 역할을 맡은 소수의 다른 아이들이 더 뚜렷하게 기억에 남는다는 사실이. 나는 학급의 구성원인데도 구경꾼이었고, 내 서사의 주인공이지만 이 행사의 조연이었다.

나를 포함해 눈에 띄지 않는 아이들은 뭘 하고 있었을까? 리코더를 불었다. 그중에서도 성부를 나눈 알토 리코더는 그나마 좀 여유가 있는 집 애들이 맡았다. 악기를 추가로 구입해야 했기 때문이다. 그러니까 소프라노 리코더 파트에 속한 아이들은 평민 계급 흙수저 중에 흙수저였다. 지난 학년 때부터의 준비물을 쭉 이어 쓸 수 있다는 점이 다행스러운, 가장 적게 투자하고도 의무 교육의 테두리 안에서 익힐 수 있는 기초적인 악기가 리코더였다.

'넌 체르니 몇 번까지 쳤어?' 나이가 들어서도 친구들과 대화하다 보면 이런 질문을 받을 때가 있다. 대부분 100번이나 30번까지는 쳤다고 답하고, 40번을 이야기하면 꽤나 진지하게 피아노를 접한 경우다. 1970년대, 80년대생들이 자랄 때는 늘어난 학생 수만큼이나 피아노, 서예, 주산, 웅변 학원 등이 유행하며 늘었다. 중산층 가정의 거실에 인테리어 요소처럼 피아노가 놓여 있는 풍경도 보기 어렵지 않았다. 그렇게 또래라 비슷한 경험을 공유한다고 여겨서인지 피아노를 배운 적이 있는가를 먼저 물어보지 않고 바로 이런 질문을 아무렇지 않게 던지는 것이다.

나도 1학년 때 잠깐 피아노 학원에 다닌 적이 있다. 학원의 크리스마스 파티 때 선물 경품으로 마이멜로디 캐릭터 노트에 당첨됐는데 3학년 언니가 그게 마음에 든다며 우격다짐으로 가져가버린 내 인생 최초의 괴롭힘을 당했고, 아마 앞에서는 뭐라고

항의하지 못한 채 집에 와서 분해하며 울었을 것이다. 그리고 다음 해에 이사와 전학을 거치던 때에 피아노 학원을 자연스럽게 그만두게 되면서 내 피아노 이력은 멈췄다. 바이엘을 마치고 체르니에 들어가려는 시점이었다. 내가 학원에서 겪은 작은 수난과 통곡 사건이 엄마에게는 학원 수강을 접게 하는 좋은 핑계가 되었을 수도 있다.

형편이 넉넉하지 못한 집에서 국영수라면 모를까 예체능은 사치라서 언제든 우선순위 바깥으로 밀려난다. 그 뒤에도 고등학교 때까지 쭉, 주요 과목 외에는 학원에 다닌 적이 없다. 성적을 위한, 점수를 잘 받기 위한 공부는 진학과 취업, 생계나 계급 상승 같은 문제와 직결되지만 음악이나 미술은 그렇지 못하니까.

'체르니 몇 번까지 쳤어?'라는 질문을 받으면 가끔 질문자의 의도와 상관없이 이런 개인사가 복잡하게 스쳐 지나면서 위축됐다. 아파트에 사는지 주택에 사는지, 집에 티브이나 냉장고나 자가용이 있는지 모두가 보는 가운데 손을 들게 해 조사하던 1980년대 교실의 야만적인 가구조사 질문들을 마주했을 때처럼.

4학년 때쯤인가 친구 집에 놀러 갔다가 실물

바이올린을 처음 구경했다. 3층집의 한 층 면적이 우리 집 전체보다 훨씬 넓었고, 층마다 우리 집에는 없는 신기한 물건으로 가득했다. 대부분은 없어도 사는 데 지장이 없는 물건들이었다.

꼭 필요한 것들만 존재하는, 그것도 약간은 부족한 우리 집에서 그나마 필요의 영역을 벗어난 물건이라면 책과 카세트데크, 약간의 음악 테이프 정도였는데 이 집에 놓인 물건들은 스케일도 맵시도 달랐다. 장식장 안에 든 양주병과 반짝이는 크리스탈 잔이라든가 큼직한 도자기들, 두툼한 카페트, 일본과 독일에서 온 문구와 장난감, 벽에 붙은 그림 액자, 커다란 전축과 비디오 시스템, 빼곡한 LP와 VHS 테이프….

이런 휘황한 외제 물건들과 함께 친구의 언니가 배우던 바이올린이 있었다. 친구가 케이스를 열어 보였을 때 바이올린 자체보다 나에게 강렬한 기억을 남긴 건 같이 들어 있던 송진이었다. 말꼬리로 된 활털을 관리하고, 현에 활을 문질러 소리낼 때의 마찰을 위해 바르는 송진.

투명한 갈색의 송진 덩어리는 꿀이 굳어서 된 고체 같기도 하고, 동화에서만 읽었던, 곤충들이 화석처럼 그대로 굳은 호박(amber) 같아 보이기도 했다. 우리 집에는 있어본 적 없는 바이올린을 위해 존재하는 활을 위해 존재하는 송진. 바이올린 관리용 송진은 그 후로 오랫동안 내가 아는 가장 생활에서 먼 물건이 되었다. 그런 것을 사치재라고 부를 수 있을까? 열 살 무렵의 내가 아는 가장 큰 사치는 가끔씩 아빠랑 서면에 외식하러 나가서 먹는 함박스테이크와 그 뒤에 서점에 가서 고른 책 한 권, 동보서적 포장지로 싼 책을 소중하게 안고 집으로 돌아오는 외출이었다.

어떤 사치는 상상의 재료가 빈약해서 부러워할 수조차 없다. 내 눈으로 보기 전에는 바이올린을 위한 송진의 존재를 상상할 수 없었던 것처럼. 악기를 제대로 배우지 못했다는 사실을 딱히 결핍으로 느낀 적도 없다. 그냥 할 줄 아는 게, 가진 게 그것밖에 없으니 리코더를 불었을 뿐이다. 내가 다 자라서 음악을 좋아하게 되기 전까지는.

합주에서 연주한 곡은 〈크시코스의 우편마차〉였다.

들길을 지나 저 멀리 고개 넘고 내를 건너서
비바람 부는 날에도
달려간다 달려간다 우편마차

내 건너 다시 쓸쓸한 들길 지나 마을 길로
저기 불빛 보인다
달려간다 달려간다 우편마차

랄랄 랄랄 랄랄랄랄 랄랄 랄랄 랄랄랄랄
나팔을 드높이 울리며 떠난다

랄랄 랄랄 랄랄랄랄 랄랄 랄랄 랄랄랄랄
말발굽 소리도 가볍게 랄라

달려간다 달려간다

영화 〈에브리씽 에브리웨어 올 앳 원스〉에서는 수많은 선택과 결정으로 삶이 달라질 때, 가능한 수천 개의 멀티버스 속에서 다양한 버전의 '내'가 다르게 살아가고 있다는 설정을 보여준다.

세탁소를 운영하고 세무조사 자료를 제출하고 가족 구성원들을 건사하느라 거의 미칠 지경으로 찌들어 있는 이민자 에블린도 다른 우주에서는 훨씬 뛰어난 능력, 다른 직업을 가지고 더 멋지게 살아간다. 이전의 다른 선택과 우연 들이 그렇게 만든 것이다.

나는 마흔이 넘어서 리코더를 다시 시작했다. 할 줄 아는 다른 악기가 없었기 때문이고, 손에 잡아 본 유일한 악기인 리코더를 우연히 선물 받았기 때문이다. 어딘가 다른 멀티버스 속에서의 나라면 피아노를 쭉 배웠을 수도, 바이올린이나 다른 악기를 꽤 잘 다뤘을 수도 있다. 조금 더 물질적으로 풍요로운 환경에서 자랐을 수도 있다. 그리고 피아노를 오래 배웠던 주변 친구들이 그렇듯이 어른이 되어서는 미련 없이 악기와 멀어진 채로 아무 아쉬움도 느끼지 않는 삶을 살고 있었을지도. 그랬다면 마흔이 넘어서 리코더를 다시 시작하는 일도 생기지 않았을 거다.

멀티버스 속 다른 버전의 삶은 더 멋질지도 모르지만 나는 혹시 모를 가정 앞에서도 몇 번이고 지금 버전의 내 삶을 선택한다. 영화 속에는 이런 대사가 나온다.

"그 모든 거절과 그 모든 실망이 당신을 여기로 이끌었어. 이 순간으로."

아마 바이올린 활털을 위한 송진 같은 물건에 강렬하게 매료되는 경험이 없었더라면 나는 온갖 신기한 물건을 들여다보고 트렌드를 소개하는 패션 매거진에서 일하지 않았을 거다. 스스로 번 돈으로 수

영이나 탁구를 배우고 꽃꽂이며 도예 수업을 다니느라 바쁘지도 않았을 거다.

비어 있는 줄도 모르던 빈 자리가 나를 의식주의 필수 영역으로부터 아주 멀리까지 벗어나보게 이끌었으며 내가 오래 종사한 직업을, 중요하게 여기는 가치와 살아가는 방식을 결정했다.

눈에 띄지 않는 학생이어서 학급 오케스트라에서 가장 평범한 소프라노 리코더밖에는 맡을 수 없었지만, 어른이 된 이제는 말할 수 있다. 〈크시코스의 우편마차〉에서 가장 중요한 파트는 리코더였다. 덜컹대며 바람을 맞으면서도 목적지를 향해 빠르게 달려가는 이 노래의 음악적 정수는 경쾌한 리코더 소리가 만들어낸다. 피라미드 구조 꼭대기의 상위 몇 퍼센트가 돋보이고 눈에 띨지 모르지만 아래의 다수는 위의 소수를 떠받치기 위한 존재들이 아니었다.

그 모든 거절과 실망이, 가난과 여유 없음이, 결핍과 우연이 나를 리코더에게로 이끌었다. 지금의 내가 되게 만들었다.

마흔이 넘어서 뒤늦게 내 내면에 생겨 있는 리코더 섬을 가끔 들여다본다. 작지만 굳건한 이 덩어리에 축적되어온 핵심 기억들이 나는 마음에 든다.

무너지지 않도록 소중히 여기며, 비바람 부는 날에도 달려간다, 달려간다.

나는 언제든

덜 자란 강아지와 무한히 반복하는 공 던지기 놀이
한겨울에 콧물을 흘리며 마시는 핫초코
녹기 전에 서둘러 한입 베어 무는 하드
12색 크레파스로 그리는 그림
나무를 타고 달아나는 작고 날렵한 다람쥐의 움직임
엄마가 튀겨주는 설탕 범벅의 도나쓰, 밥솥에다가 익혀서 막 꺼낸 카스테라
봄에 처음으로 발견하는 생강나무 꽃송이
자전거 페달에서 살짝 발을 떼고 달리는 내리막길
여러 번 껴안아 털이 뭉치고 속이 터져 나온 봉제 인형
바닷가에 놀러 온 사람들이 터뜨리는 5천 원짜리 맥없는 불꽃놀이
실컷 놀았는데도 아직 3주나 남은 여름방학
주머니 속 동전처럼 웃음이 튀어 나오는 트램펄린
하굣길에 친구들과 사 먹는 종이컵 떡볶이
크록스에 붙여놓은 제일 아끼는 지비츠

나는 언제든 이런 것들에 둘러싸인 기분을 느낄 수 있다
리코더를 불 때면

어느 여름의 리코더 일기

8월 5일 목요일

강원도의 여름은 신비롭다. 분명 더위에 절여진 채로 서울을 떠나왔는데, 여기서는 스키장의 초록 슬로프를 향해 난 테라스 창을 열어두면 즐길 만한 바람이 분다. 저녁이 되면 기온이 내려가 팔에 소름이 오소소 돋고 겉옷까지 찾게 되는데, 심지어 처서는 지나야 제맛이 돌기 시작하는 레드 와인이 벌써부터 맛있게 느껴질 정도다.

우리가 머무는 호텔을 오케스트라 연주자들도 숙소로 사용하는지, 저녁 개막 공연을 앞두고 관악기 연습하는 소리가 벽 너머로 흘러들어 대관령 음악제가 열리는 기간임을 실감하게 한다.

어떤 행사든 순수하게 관객의 입장으로 즐기게 되지 않고 자꾸만 주최 측의 고충을 짐작해보게 되는 건 회사원이 되고부터의 오랜 습관이다. 팬데믹 가운데의 음악 축제 기획자의 업무란 난이도 10 중 10이었을 것이다. 하나의 주제로 여러 날의 연주 프로그램을 꾸리고 실행하는 것만도 쉽지 않을 텐데, 전 세계에서 모여드는 연주자 가운데 코로나19 확진자가 발생하는 수많은 경우의 수에 대처해 대안과 대안의 대안을 줄 세우며 보완 운용해야 한다니.

아무렇지 않게 누리던 많은 것이 작동할 수 있는 이면을 보며 감사하게 된 것은 코비드 시대가 준 선물일 것이다. 사람들이 여럿 모여 음악을 연주하고 또 듣는 일 역시 쉽게 이루어지지 않는 일 중 하나다.

"황선우 선생님이세요?"

"네, 그런데요?"

02로 시작하는 번호로 걸려오는 전화는 놓치는 편이 낫다. 여론조사 기관이거나 보험 가입 권유 전화일 확률이 80퍼센트 이상이니까. 하지만 그날의 전화는 꼭 받아야 하는 중요한 용무로, 동네 청소년문화센터에서 걸려 온 것이었다. 내가 수강신청을 한 리코더 수업의 첫날이라는 걸 잊고 있었다.

"오늘 첫 수업인데 빠지셨네요."

"네, 휴가를 와 있어요. 다음 주부터는 꼭 나갈게요."

"본인이 수업 들으시는 거 맞죠? 자녀분 대신 신청하신 거 아니죠?"

"네, 맞습니다. 혹시 성인은 수강할 수 없나요?"

"아뇨, 그런 건 아니지만…."

말줄임표가 어딘가 꺼림칙했다.

8월 12일 목요일

새로 배운 곡 : 〈언제나 몇 번이라도〉, 〈넬라 판타지아〉

리코더 교실에 도착하기 전 나에게는 두 가지 걱정이 있었다. 하나는 '내가 너무 못하는 거면 어떡하지?' 분명 어린 학생들이 많을 텐데 나만 뒤떨어져서 망신을 당하고 싶지는 않았다. 또 하나는 '내가 너무 잘하는 거면 어떡하지?' 다같이 도레미파를 새로 배우는 단계라면 굳이 시간 내서 참여하는데 배워 오는 게 없을 것 같았다.

경험도 하기 전에 앞서가는 많은 염려가 그렇듯 첫 시간을 보내며 내 걱정도 쓸데없는 걸로 판명되었다. 리코더 수업의 학생은 나를 포함해 두 명, 수업은 일대일 과외나 다름없이 내 수준에 꼭 맞게 진행되었다.

"선생님은 주로 어떤 곡을 연주하세요? 악보는 읽을 줄 아세요?"

선생님이 자꾸 나를 선생님이라 부른다. 반에는 선생님에게 선생님이라 불리는 나이 든 학생인 나, 그리고 초등학교 3학년 남학생이 한 명 있다. 스무 명은 넉넉히 앉을 법한 교실에 세 사람이 모여 수업을 하니 몹시 휑하다. 게다가 두 학생의 좌석은 대각선으로 최대한 멀리 서로 등지고 앉아 벽 앞의 보면대를 보게 배치되어 있어서 묘하게 벌을 서는 듯한 구도였다. 면벽수행이 바로 이런 것인가….

선생님은 '선생님-학생'과 어린이 학생, 두 교습생 사이를 번갈아 오가며 각자의 진도를 봐주는 식으로 수업을 진행했다. 코로나 상황 때문인지 선생님이 내내 마스크를 쓰고 수업을 하는 바람에 연주 시연을 볼 수 없다는 점이 아쉬웠다. 대각선 반대편 문가에 앉은 어린이 학생은 아마 첫 시간에 빠지지 않은 모양으로, 지난 수업부터 이어지는 듯한 베토벤 9번 교향곡 4악장 〈환희의 송가〉 연습에 돌입해 있었다.

선생님은 악보를 한 장 가져와 나에게 초견 연주를 시켰다. 주로 유튜브에서 악보를 찾아보며 영화음악이나 동요 같은 걸 연주한다고 얘기했더니 내가 어떤 수준인지 궁금했던 것 같다. 〈센과 치히로의 행방불명〉 OST 중에 〈언제나 몇 번이라도〉였는데 중간에 멈칫대긴 했지만 멜로디가 익숙한 곡이라 끝까지 연주를 마칠 수 있었다.

기대보다는 내 연주가 괜찮았는지 선생님은 활

기를 띠며 나에게 이것저것 묻기 시작했다. "선생님, 리코더는 어떻게 시작하게 되셨어요?(다들 그러듯이 초등학교 때…)" "이 수업은 어떻게 알고 등록하셨나요?"

이 문화센터 수영장에 오가다 수강 안내 포스터를 봤다고 하니, 자신은 수영을 배우고 싶다며 물공포가 있는 사람도 초급반부터 배우면 헤엄을 칠 수 있게 되는지 진지하게 한참 물었다(좋은 선생님을 만나면 뭐든 가능하죠.) 나는 어느새 수영을 배울 때는 힘을 빼는 게 중요하다며, 사람 몸이 무거운 것 같지만 가만히 있으면 물에 뜬다는 얘기를 하고 있었다. 선생님의 현란한 연주 실력을 직관하는 대신 이렇게 현란한 대화를 많이 나누게 될 줄은 미처 몰랐다.

앞으로의 리코더 수업에서는 뭘 하고 싶냐고 묻기에 간단한 클래식 곡들을 배우고 싶다고 답했다. 선생님은 기뻐하며 본인이 따로 리코더를 위해 편곡했다는 〈넬라 판타지아〉 악보를 한 장 더 나에게 건넸다.

한편 교실 대각선 저쪽에서는 나의 급우인 어린이 학생이 리코더를 열 번쯤 떨어뜨렸다. 선생님한테 장난을 걸었다가, 자신은 너무 피곤하고 힘들다며 연습을 쉬어야겠다고 주장하다가, 나중에는 10분 일찍 수업을 마치고 집에 보내달라며 떼를 썼다.

　　선생님과 어린이 학생이 투닥대는 사이 나는 조용히 오늘 받은 두 곡의 악보를 오가며 몇 번 더 연습을 했다. 육아에 지친 친구들을 가끔 만나 어른끼리의 일상을 이야기하다 보면 몹시 들뜬 친구의 표정을 보게 되는데 첫 리코더 수업도 그런 느낌이 있었다. 맥주를 한 모금 마시고서야 그간 목이 말랐음을 알게 될 때가 있는 것처럼, 선생님은 어쩌면 스스로도 알지 못한 채 대화 상대를 갈구하고 있었을까? '선생님-학생'인 내가 교실에 나타나고 나서야 그 사실을 깨닫게 되었을지도 모른다.

　　두 번째 건네받은 악보, 〈벨라 판타지아〉 역시 친숙한 멜로디라 그리 어렵지 않았지만 두 가지 난관이 있었다. 한 음을 길게 빼는 클라이맥스의 박자 그리고 높은 라였다. 나는 한 번도 높은 옥타브의 라까지 내본 적이 없기에 악보 앞에서 당황했다. 이게 될까? 그런데 선생님이 알려주는 요령대로 왼손 엄지손톱을 뒷구멍에 밀어넣듯이 해서 반만 막으니 소리가 났다. 이런 식으로 고음을 연주하기 때문에 오래 사용한 리코더는 뒤쪽 구멍이 닳기도 한다고 한다.

첫 수업부터 역시 선생님에게 배워보기로 하길 잘했다고 느꼈다. 수영 중급반을 다니면서는 도무지 늘지 않는 턴과 스타트를 반복하느라 지쳐 있었다. 마냥 즐겁게 헤엄치던 초급반으로 돌아가고 싶다는 생각을 자주 하는 중이었는데, 아무래도 실력이 발전하려면 조금 도전적인 레벨의 과제가 필요하구나 하는 생각이 들었다.

다음 시간까지 오늘 배운 두 곡을 연습하고, 아울로스 브랜드의 바로크 리코더를 준비해야 한다. 나는 지금까지 손가락 움직임이 더 쉬운 저먼식 소프라노만 사용하고 있었는데, 선생님은 너무 당연하다는 듯 바로크식이 진짜라고 한다. 이미 악기를 가진 학생에게 다른 새 악기를 구매해 오라고 하는 것도, 저렴한 악기를 사용하는 리코더 수업이라 가능하겠지.

8월 19일 목요일

새로 배운 곡: 〈하얀 연인들〉, 비발디 〈겨울〉 2악장

지난 시간에 배운 곡을 연습해 왔다는 사실에 선생님이 감격했다. "요즘 아이들은 거의 시험이나

수행평가 준비로 리코더를 배우거든요." 어린이-학생은 모를 것이다. 시험이나 수행평가가 없어도 자기 돈을 들여서 리코더를 배우러 오는 어른의 세계가 있다.

한편, 이번 시간에도 여전히 베토벤 〈환희의 송가〉에 머물러 있던 어린이 학생은 다급하게 손을 들더니 화장실에 가도 되느냐고 묻는다. 수행평가 지정곡이라 연습 중인 모양이다. 잠시 사라졌다 돌아왔나 싶더니 곧 또 화장실에 가도 되느냐고 손을 들고 묻는다. 좀 전에 다녀온 것 아니었나? 아까는 청소 중이라 못 들어가고 돌아왔다고 했다.

비발디 사계 중 〈겨울〉에서 트릴을 처음 배웠다. 파미파미파미~~~ 이런 식으로 두 음을 오가는 꾸밈 기술이다. 어디서 들은 건 많다 보니 트릴을 그럴듯하게 해냈는지 선생님께 칭찬을 받았다. "선생님은 재능이 많으세요."

40대에 발견한 리코더 재능…. 친할머니에게 귀가 예쁘게 생겼다는 칭찬을 들었던 어린 시절 이후 최고로 애매한 칭찬이었다. 물론 귀가 예뻐서 나쁠 것은 없고 40대에도 재능은 무엇에건 있는 편이 낫겠지만….

마음이 앞서서 호흡이 급해지니 되도록 천천

히 연습하라는 지적을 받았다. 수영, 탁구, 근력 운동…. 몸으로 뭔가를 배울 때는 선생님들에게 항상 비슷한 이야기를 듣는 게 신기하다. 나라는 사람의 변함없는 기질이나 한계가 바로 거기에 있을 것이다. 백신 접종이 예정되어 있어 10분 정도 일찍 수업을 마쳐달라 하고 나왔다. 일찍 집에 가고 싶어 하는 어린이보다 먼저 나섰다.

8월 26일 목요일

새로 배운 곡 : 엘가 〈사랑의 인사〉

오늘은 한 곡밖에 배우지 못했다. 너무 어려워서 탈탈 털렸기 때문이다. 어린이 학생이 결석하는 바람에 일대일로 수업을 해서 숨 돌릴 틈이 없었다. 곡이 어렵고 짚어보지 않은 음계도 많이 등장하고 기술적으로도 힘들었는데, 무엇보다 혼자 연습할 시간이 없이 계속 누군가가 과정을 지켜보고 있다는 것이 사람을 숨 막히게 했다. 나무도 누가 안 볼 때 자란다는 말이 있지 않나? 없을지도 모르지만….

리코더 실력은 선생님이 안 볼 때 는다. 실수하고 틀리는 일거수일투족을 다 들키고 있으니 거기서 나아가는 게 어려웠다. 평소에는 선생님이 어린이 학생을 봐주는 사이에 혼자 몇 번 연습해서 검사받을 만하게 만들곤 했는데 그럴 틈이 없었다. 나의 급우 어린이 학생의 소중함을 느꼈다.

　오늘처럼 수강생 한 명이 결석하면 일대일 수업이 되는데 두 명 모두 결석하면 선생님은 그냥 집으로 돌아가게 될까? 수업 시간 동안은 누가 올지 모르니 빈 교실에서 기다릴까? 어린이 학생은 수업 시작하고 20분쯤 지나서 우당탕 뛰어 들어오는 일도 있다고 한다.

　정원 네 명인 수업에 두 명이 신청해서 유지되는 중인데 혹시 수강생이 한 명으로 줄면 어떻게 되는지 물어봤다. 센터 운영진과 상의해서 폐강할 수도 있지만 선생님은 한 명이 오더라도 그냥 진행한다고 한다. 수강생 수에 따라 받는 수당이 줄어들 수도 있을 텐데, 본업으로 피아노를 가르치는 선생님에게 청소년센터의 리코더 수업은 생계와 상관없이 하고 싶은 일이라고 한다. 아이들이 여럿 다니면 서로 친한 친구를 데려오기도 하고 왁자해지겠지만 아마 코로나 시기라 그렇지 못한 게 아쉽다는 생각이 들었다.

　"제가 학교 때 특별활동 리코더부 출신이거든

요. 그때의 기억이 너무 좋아서 지금도 리코더 과목을 가르치고 있어요." 선생님의 얘기에 내가 답했다. "수강생이 여러 명이면 파트를 나눠서 합주해도 너무 좋겠네요!" 선생님도 반색했다. "맞아요, 애들하고 그런 걸 꼭 해보고 싶었어요!"

선생님은 '학생들'을 가리켜 말할 때 자연스럽게 '애들'이라고 부른다. '선생님-학생'인 나는 거기에 들어가지 않는 것이다. 어쨌거나 자신이 경험했던 리코더부를 '애들'에게도 경험하게 해주고 싶어서 생계와 상관없이 가르친다는 것이 숭고하고 아름답게 느껴졌다. 학생 단 두 명을, 때로는 한 명을 두고.

오늘은 대체로 헤매고 버벅댔지만 단 한 번 높은 시 플랫 음을 단번에 깨끗하게 내서 집중적인 칭찬을 받았다. 높은 음일수록 강하게 숨을 불어넣어야 깨끗한 소리가 난다는 것이 신기하다. 숨을 어디서 아껴야 하는지, 어디서 더 내쉬어야 하는지는 혼자 연주할 때 미처 생각하지 못했던 부분이다. 이런 것을 알게 된다는 것만으로도 수업을 받는 의미를 알겠다. 수강신청 기간이라 다음 달 수업에도 등록을 했다.

선생님은 고음에서도 예쁜 소리를 내야 한다

고 하고, 선생님이 리코더를 배웠던 선생님은 좀 뒤집어지더라도 강한 소리가 리코더의 매력이라고 얘기한단다. 나에게는 그런 걸 가릴 여유가 있을 리 없다. 그저 소리를 내는 데 급급할 뿐.

이 얘기를 전하자 재즈를 좋아하는 김하나는 말했다. "선생님이 쳇 베이커라면 선생님의 선생님은 존 콜트레인 같은 하드밥 계열 아닐까?"

집에 오자마자 목뼈가 뻐근해질 때까지 두 시간을 내리 리코더를 불었다. 아무도 보지 않는 곳에서 혼자 연습하면서 그제야 마음 편하게 즐길 수 있었다.

9월 2일 목요일

리코더 수업이 없어졌다. 접수하는 직원에게 물어보니 새달에는 수강신청을 한 사람이 나 혼자였다고 한다. '애들'의 리코더부에 들 수 없는 선생님-학생이 유일한 수강 신청자라 폐강된 걸까? 그저 코로나로 인해 닫히는 많은 수업 가운데 하나일지도 모른다. 사람들이 여럿 모여 음악을 연주하고 또 듣는 일은 역시 쉽게 이루어지지 않는다.

딱 한 달, 세 번의 수업, 세 사람이 있던 나의

리코더 교실, 안녕. 수업이 영영 없어진 게 아쉬웠지만 누구에게도 서운하진 않았다. 그 시공간 속에서 내가 누린 발견의 과정이 즐거웠으며, 배움의 결과는 온전히 내 것으로 남았다. 어른에게도 성장이 있다.

여름이었다.

믿음의 도약

※이 글에는 영화 〈인디아나 존스: 최후의 성전〉과 고전 컴퓨터 게임 〈페르시아의 왕자〉 스포일러가 포함돼 있습니다.

리코더는 선율 악기다. 음악 수업 시간에 배운 음악 구성의 3요소를 기억하는지? 선율(멜로디), 리듬, 화성(하모니). 피아노나 기타 같은 화성 악기가 여러 음을 동시에 내서 혼자 연주하면서도 풍성한 화음을 만들 수 있는 반면, 리코더는 한 번에 하나씩의 음만 낼 수 있다. 이렇게 음의 높낮이 변화로 만들어지는 일련의 음악적 흐름을 우리는 선율 또는 멜로디라고 부른다.

오른손으로는 주 선율을 연주하고 왼손으로는 화음을 반주할 수 있는 피아노에 비하면 리코더는 단순한 악기라고 볼 수도 있겠으나 사람들이 어떤 음악을 독특하다고 식별하고 기억할 때의 개성은 무엇보다 주된 선율에서 오는 경우가 많다. 피아니스트 제러미 덴크는 자신의 에세이 『이 레슨이 끝나지 않기를』에서 선율의 힘을 언급했다. 한 시간 가까이 되는 교향곡을 듣고 나서 우리가 간직하는 유일한 것일 때가 많다고.

세상에서 가장 유명한 교향곡일 베토벤 교향곡

5번 〈운명〉을 떠올려보면 실로 그렇다. 대단히 복잡하고 다양한 요소를 품은 총체적 예술 작품인 이 음악은 결국 빰빰빰빰 빰빰빰빰, 그러니까 '미미미도 레레레시'로 기억된다. 마찬가지로 우리는 '도도솔솔 라라솔'을 들으면 동요 〈반짝반짝 작은 별〉을, '솔-미 시'를 들으면 재즈 곡 〈미스티(Misty)〉의 도입부 'Look at me~'라는 걸 어렵지 않게 떠올린다. 멜로디는 그만큼 음악에서 강력한 요소다.

그러니 리코더로 음악을 하는 건 작은 식물을 가꾸는 경험이다. 풍성한 꽃과 열매를 매달지 못했다고 남들이 얕잡아볼지언정 꼿꼿하게 서서 광합성을 하며 생명을 이어가는, 그 자체로 완전한 존재를 마주하게 된다.

리코더로 아주 단순한 멜로디를 연주할 때에도 우리는 오르내리는 선율의 행로를 따라 앞으로 나아간다. 음악의 세계를 누비며 탐험한다. 악보가 안내하는 그 길은 때로 완만하고 평탄하며 때로는 가파르거나 아찔하다. 악보에서 음표들의 위치에너지 변동이 클수록 연주하는 데 드는 에너지도 많이 필요한데, 특히 고음을 낼 때 힘들다.

리코더 연주자들이 고음의 길에서 비틀대거나 넘어지는 상황은 아주 흔하게 벌어지기 때문에 이런 사고가 리코더라는 악기 자체의 특성처럼 여겨질 정도다. 우리는 그 처절하고도 우스꽝스러운 상황을 삑사리라고 부른다.

리코더를 안 불어본 사람은 있어도 리코더를 불면서 삑사리를 안 내본 사람은 없다. 음이탈이라고도 하는 이 현상은 노래를 부를 때도 자주 일어나는데, 리코더를 비롯한 관악기의 구조가 인간의 성대와 닮아서 비슷한 실수가 벌어진다는 면을 떠올리면 리코더의 삑사리는 어딘가 사랑스럽기도 하다.

흔히 사용하는 소프라노 리코더의 음역대는 그리 넓지 않다. 도부터 높은 도까지 한 옥타브, 그리고 그 위 더 높은 도와 레까지 두 옥타브 정도가 이론적으로 연주 가능한 범위다. 그러나 높은 솔이나 라 음만 돼도 찢어지듯 귀에 거슬리는 소리가 나서 연주를 망치는 경우가 흔하다.

즐길 수 없다면 피하면 될까? 고음부가 없는 평이한 곡만 골라서 연주하는 것도 하나의 해결 방법이다. 그런데 안전 지대 안에서만 이루어지는, 예측 가능한 놀이도 재미있지만 더 짜릿한 모험을 원하는 영혼을 만족시키지는 못한다. 레퍼토리를 늘리며 재밌는 곡들을 욕심내다 보면 고음이라는 과제를 피할 수가 없다.

높은 음에서 소리가 뒤집어지는 건 저렴한 플라스틱 리코더의 경우 악기 자체의 한계이기도 하지만, 무엇보다 연주할 때의 테크닉이 부족해서다. 리코더 연주에 무슨 테크닉씩이나 필요하냐고 묻는다면, 이 기술의 유무에서 결정적으로 삑사리를 줄이는 차이가 온다고 답하겠다. '기술이 너희를 자유케' 하는 것이다.

　　고음을 부드럽게 내는 핵심은 왼쪽 엄지손가락이 담당한다. 리코더의 음을 결정하는 모든 손가락 구멍, 그러니까 지공들은 앞면에 나 있는데, 단 하나 뒤편에 뚫린 구멍만 왼손 엄지로 막게 되어 있다. 오른손 엄지는 리코더 중간쯤에서 몸통을 가볍게 받치며 잡아주는 지지의 역할만 한다면 왼손 엄지는 훨씬 적극적으로 바쁘다. 리코더의 고음부, 그러니까 높은 옥타브를 낼 때는 이 뒤쪽 지공을 반만 막는다. 리코더 운지표에서 절반은 흰색, 절반은 검은색인 기호가 이 표시다.

　　고음에서의 왼 엄지 이동이야말로 연주를 불안정하게 만드는 주된 요인이다. 다 막았다 떼었다가, 반만 막았다 떼었다가를 반복해야 하기 때문에 정확하게 수행하기 어렵고 손가락의 강한 움직임에 엄지가 닿고 떨어질 때 리코더가 흔들리는 경우도 잦다.

보통 손가락 끝의 살이 많고 도톰한 부분으로 리코더의 각 구멍을 가볍게 눌러 막았다 떼면서 소리를 낸다면, 뒤쪽 구멍을 절반만 막을 때는 좀 다른 요령이 필요하다. 청소년센터 선생님에게 배운 대로 엄지손가락 끝을 손목 방향을 향해 미끄러지듯 당기며 손톱 끝을 구멍 속에 살짝 집어 넣는다는 느낌으로 힘 있게 고정한다. 그 상태로 소리가 빠져나갈 틈을 약간만 허용한다고 생각하면 안정적으로 높은 음을 낼 수 있다. 마찰이 많이 생기게 마련이라 이 동작을 잘하려면 엄지 손톱을 짧게 깎는 게 유리하다. 오래 연주한 사람들의 리코더를 보면 뒤쪽 구멍 주변이 손톱에 긁혀 닳은 자국이 나 있는 경우도 있다. 선생님의 리코더도 물론 그랬고, 내가 가장 오래 사용한 리코더도 어느새 그렇게 되어 있다.

　　또 하나의 고음 기술은 호흡이다. 높은 음일수록 숨을 강하게 불어넣어야 한다. 거슬리는 소리가 날까 봐 두려워서 호흡을 약하게 불어넣기 쉬운데, 그러면 연주가 더 지저분해진다. 풍선에 숨을 팽팽하게 불어 넣어야 표면이 매끈한 것과 같은 이치다.

　　그런데 이런 기술만으로는 충분하지 않다. 아무리 왼손 엄지손가락 끝에 신경을 써도, 숨을 강하게 불어넣어야 한다는 걸 알아도, 음이탈은 발생한다. 고음은 악보에서 물리적인 위치도 높은 곳을 차지하는데, 신기하게도 높은 음을 연주할 때는 마치 내 몸이 높은 곳에 올라가는 것 같은 경험을 하게 된다. 어지럽고 숨이 차며 다리가 후들거린다. 눈앞의 저 정상, 악보 위의 최고점까지 올라가는 건 도무지 요원한 일이고, 선율이 나아갈 길은 뚝 끊어진 것같이 느껴진다. 그렇다, 고음을 매끄럽게 내는 건 리코더 연주자에게 발생하는 필연적인 두려움을 어떻게 다루는가 하는 심리적인 문제에 가깝다.

에드워드 엘가 〈사랑의 인사〉 일부

엔니오 모리코네 〈넬라 판타지아(가브리엘의 오보에)〉 일부

앞의 두 악보를 보자. 동일한 고음인 옥타브 라가 등장하는데, 같은 높이의 음까지 향해가는 음계의 진행 모양은 사뭇 다르다. 반음과 온음을 섞어가며 일정하지 않은 폭의 음계를 거쳐 서서히 높은 라를 향해 가는 〈사랑의 인사〉가 정확한 지점을 디디

며 이동해야 하는 암벽 등반이라면, 도에서부터 다섯 개의 음을 건너 뛰어 곧장 높은 라로 올라가버리는 〈넬라 판타지아〉는 스키 점프다. 한 음 한 음 차근히 짚으면서 고음으로 올라가거나 여러 손가락을 한꺼번에 떼면서 숨을 터뜨리는, 이 두 유형의 경로 가운데 더 쉬운 쪽은 없다. 암벽 등반과 스키 점프가 각기 다른 방식으로 쉬울 리 없는 것과 마찬가지다.

나는 고음에 대한 두려움에 맞서는 마음 다스리기를 '믿음의 도약(leap of faith)'이라고 부른다. 키르케고르의 저작에서 경험적 증거가 없거나 이성의 한계 밖에 있는 신비로움을 받아들이는 신앙을 일컫은 기독교 철학의 개념이라고 하는데, 내가 이 말을 처음 접한 통로는 중학교 때 본 영화 〈인디아나 존스: 최후의 성전〉이다.

예수가 최후의 만찬에서 사용한 성배를 찾기 위해 여러 단계의 함정에서 문제를 해결하며 차례로 통과하던 고고학자 인디아나 존스는 마지막 낭떠러지를 만난다. 아찔하게 깊은 계곡 건너편으로 가야 하는데 눈앞은 깎아지른 절벽 아래 바닥이 보이지도 않게 막막한 어둠이다. 인디에게 주어진 비밀 지도에 적힌 단서는 이렇다. '하느님의 길, 사자의 머리에서 뛰어내릴 때 자신의 가치를 증명하라.'

이 무모하고도 운 좋은 고고학자는 '믿음의 도약이야'라고 한 번 읊조린 뒤 심호흡을 하고 눈을 질끈 감는다. 아무것도 보이지 않는 허공으로 큰 걸음을 내딛는다. 까마득한 바닥으로 고꾸라지면서 카우보이 모자도 채찍도 공중에 흩어지며 낙하하는가 싶었는데, 다음 순간 그는 무사하다. 성큼 내딛은 발아래에는 계곡 저편으로 가는 단단한 다리가 펼쳐져 있다. 복잡한 계곡의 모양이 착시 현상처럼 눈을 속였을 뿐, 거기에는 이미 '하느님의 길'이 존재하고 있었던 것이다.

언젠가 이 장면의 짜릿함을 언급하자 나의 반주자 김하나는 고전 컴퓨터 게임 〈페르시아의 왕자〉에도 흡사한 관문이 있다고 얘기해줬다. 〈인디아나 존스〉 3편인 〈최후의 성전〉과 같은 해인 1989년에 발매되어 당시 많은 국민학생의 방과 후 시간을 앗아갔던 게임이다.

엔딩 직전인 12단계, 마치 파쿠르처럼 벽을 타고 건물 사이를 점프해서 이동해 온 왕자가 칼로 맞서게 되는 상대는 자신을 흑백 반전시켜놓은 것같이 닮은 존재다. 스스로의 분신 같은 이 그림자를 공격하면 자신의 생명 수치도 줄어들기 때문에, 상대를 죽이거나 죽임을 당하거나 똑같이 파멸을 피할 수 없다. 다음으로 나아갈 길은 도무지 없어 보인다.

당시로서는 몹시 난이도가 높았던 이 단계를 깨는 공략법이 지금은 유튜브 클리어 영상 등으로 공유되어 쉽게 찾아볼 수 있다. 왕자는 칼을 접고 싸움을 멈춘 뒤 그림자를 향해 성큼 다가간다. 자신의 흰 몸과 그림자의 검은 몸을 포개 하나가 된다. 그러고 나면 길이 없는 낭떠러지 허공 위로 달려나갈 수 있는 신비한 능력이 생겨 있다. 왕자가 달리면, 허공을 딛는 발 밑으로 길이 생겨난다.

앞으로 가도 뒤로 가도 벼랑이라 끊긴 것처럼 보이는 공간이었는데, 스스로와의 싸움을 멈추자 비로소 달려나갈 수 있다. 게임 플레이어인 왕자의 게임 단계(stage)에서도, 리코더 플레이어인 나의 연주 무대(stage)에서도 마찬가지다.

고음은 언제나 두렵다. 그리고 나는 매번 믿음으로 올라간다. 믿음의 도약은 그런 것이다. 할 수 없다는 나, 의심하는 자신과의 분열을 멈추고 단단하게 붙들어 맨다. 깊게 숨을 들이쉬고 눈을 질끈 감은 채, 나를 내던진다. 삑사리의 어두운 골짜기를 들여다보는 대신 자신 있게 성큼 발을 내딛는다. 보이지 않는 음악의 길이 거기에 존재한다는 믿음으로. 모험은 그렇게 계속된다.

바람의 노래를 들어라

"인간은 숨을 쉬지 않으면 죽어. 인간은 공기를 인생으로 바꾸는 존재야."

—이온(6세, 밥을 잘 안 먹고 고질라를 좋아하는 어린이)

숨을 잘 쉬는 일은 중요하다. 긴장되거나 불안해서 가슴이 두근거릴 때 호흡을 깊게 가다듬으면 평정에 도움이 된다. 숨쉬기는 그야말로 '숨 쉬듯이' 누구나 하는 생명 활동 아닌가 싶지만, 생각보다 우리는 자주 숨 쉬는 일을 까먹는다. 겁먹을 때만 그런 게 아니라 뭔가 새로운 걸 배우느라 집중할 때도 그렇다.

"…근데 지금 숨은 쉬고 계세요?"

탁구를 치러 다닐 때, 회전하며 떨어지는 공을 받아 넘기는 스트로크 기술을 배우는 수업 시간이었다. 내가 타격 동작 전후로 매번 호흡을 멈추고 있다는 걸 선생님이 발견해서 알려주었다. 공을 잘 올려 치려다 보니 입을 앙다문 채 나도 모르게 숨을 훅 참고서 동작을 하고 있었던 거다. 선생님은 뭔가 깨달았다는 듯이 말했다.

"나도 골프 칠 때 그랬나 봐요."

내가 탁구 초보이듯 탁구 국가대표 출신인 선

생님은 골프 초보였다. 긴장되고 집중하느라 나도 모르게 숨을 참고, 몸에 지나치게 힘이 들어가고, 라켓에는 힘을 제대로 싣지 못하는 내 모습을 보다가 스스로의 문제까지 발견한 거다. 그날 선생님과 나는 일부러 소리 내어 숨을 뱉으면서 타격/스윙하는 연습을 했다. "하! 하!" 하고, 테니스 선수 마리아 샤라포바처럼.

관악기는 숨이 재료다. 호흡과 손가락, 두 바퀴로 움직인다. 긴장도 되고 집중도 하지만 숨을 멈춰서는 아무것도 안 된다.

*

사람마다 끌리는 악기가 다르다. 음악 취향이 다양한 갈래로 나뉠 때 악기에 대한 각자의 호불호도 알게 모르게 작용할 거다. 피아니스트 조성진은 어릴 적 바이올린도 배웠지만 앉아서 연주할 수 있다는 장점이 마음에 들어 피아노를 선택했다고 한다. 설마 그 이유가 다는 아니었겠지만. 직업 연주자들에게야 각자의 악기와 만나 자신의 정체성으로 삼고 일생 동안 파고들기까지 훨씬 더 묵직한 계기가 다채로울 테지만 감상자나 아마추어 음악인에게도 여러 이유로 특정 악기에 더 매혹되는 입장이 있다. 내 주변 음악 애호가들 가운데에는 오직 피아노 파,

재즈 중에서도 기타 연주를 주로 듣는 사람, 클래식을 두루 즐기되 콕 집어 바이올린이 최애인 친구 등이 떠오른다. 악기에 대한 끌림에는 소리나 생김새뿐 아니라 앉아서 혹은 서서 연주하는 자세가 만들어내는 몸의 실루엣, 움직일 때의 퍼포먼스 같은 매력도 작용한다.

  록 음악을 주로 들은 어릴 적에는 밴드에서 늘 베이시스트가 가장 멋져 보였다. 드럼과 또 다른 방식으로 음악에 쫀득한 리듬을 부여하는 악기 소리도 좋았고 무엇보다 연주할 때의 움직임이 예뻤다. 기타 연주자들이 무대를 활개치며 다소 방정맞게 돌아다니는 동안 베이시스트들은 가만히 서서 고개를 아래로 떨구고 정적으로 리듬을 탔다. 똑같이 악기를 목에 걸어 몸 앞에 안으면서도 기타리스트들의 오른손이 피크를 붙잡고 요란스럽게 분주하다면, 직선으로 손가락을 세워서 두둥둥 퉁겨내는 베이시스트들의 몸짓은 훨씬 차분해서 쿨했다. 십대에게 쿨해 보인다는 건 무척 중요한 가치다. 베이스 기타를 메고 나와 연주하며 〈한 걸음 더〉를 부르던 윤상은 얼마나 멋졌던가. 한편 쿨함보다는 편안함이 훨씬 중요해진 사십대의 나는 감상자로서 또 취미 연주자로서 관악기에 매료되는 중이다.

특히 플루트, 오보에, 클라리넷 같은 피리 패밀리는 앉아서 연주할 수도 있거니와 가장 커다란 바순을 제외하면 대체로 키가 작은 내가 짓눌리지 않으며 컨트롤할 수 있는 무게와 사이즈라 한 번쯤 배워보고 싶다는 마음이 들었다.

리코더를 좋아하는 바람에 다른 목관악기에도 관심이 더 가고 목관악기를 아우르는 공통 특질에 호감을 가졌으니 리코더를 여태 불고 있기도 할 거다. 어딘가에서 목관악기 연주를 듣거나 오케스트라에서 활약하는 목관악기를 발견하면 반가운 마음이 든다. 아주 헐렁하고 비밀스러운 소속감을 일방적으로 느낀다고 할까. 병아리가 타조에게 가질 법한 동경 정도로 멀리 떨어져 있긴 해도 분명 한 무리에 속한다는 감각이 있다.

*

목관악기는 영어로 woodwind(우드윈드)라고 표기한다. 나무와 바람이라니 얼마나 낭만적인 단어 조합인지. 목관악기 중에 플루트나 색소폰 같은 악기는 금속 재질이지만 지금의 형태로 발달하기 전의 원형 단계에서는 나무로 만들어졌기에 목관악기로 분류된다. 주로 황동으로 만들어진 트럼펫, 트럼본, 호른 같은 금관악기, brass(브라스)들이 연주자의 호흡과 입술 떨림으로 음을 조절하는 것과 다르게 음에 따라 손가락 짚는 위치가 정확히 정해져 있다는 것도 목관악기 부류의 특징이다.

악기를 만드는 기술이 본격적으로 발전하기 전에도 단순한 형태의 피리는 인류 역사의 초기부터 존재했다. 전문적인 지식이 없어도 상상할 수 있다. 두드리거나 숨을 불거나 하는 행위는 본능이나 놀이에 가깝고, 자연 속에는 재료가 풍부했을 테니 선사 시대 인간들은 이리저리 소리를 내봤을 것이다.

고대 그리스의 그릇 유물에는 두 개의 관으로 된 피리를 부는 사람 그림이 종종 등장한다. 피리의 후예로서 반가워서 찾아보니 이 악기는 갈대 또는 줄기에서 온 단어인 아울로스(aulos)라고 불린다. 두 개의 리드를 사용한다는 점에서 현대의 오보에와 비슷하며 음색도 비음이 섞인 듯한 강한 울림이 유사하다고 추정된다. 중세 전에 사라진 이 악기는 이름으로 남아 요즘은 유명한 리코더 전문 브랜드 명칭으로 쓰인다. 우리 리코더 계의 조상님뻘인 것이다.

아울로스는 술과 풍요의 신인 디오니소스의 악기로 여겨졌다. 플라톤, 아리스토텔레스 같은 그리스 철학자들은 아울로스가 정서 교육에 좋지 않다며 경계했다고 한다. 악기의 소리 자체도 격정적인 데다

디오니소스를 숭배하는 의식에서 춤추고 놀 때 연주되어 사람들을 광기와 무아지경으로 이끈다는 이유에서였다. 현을 튕기는 작은 하프 모양의 리라 혹은 키타라(kithara)가 태양신 아폴론의 악기로 여겨져 질서, 이성, 조화를 상징한 것과 대비를 이룬다.

줄을 뜯어 소리를 내는 발현악기의 은은함과 비교하여 관악기 소리의 쭉 뻗어나가는 특성, 찌르는 듯한 멜로디, 직접적으로 다가오는 가락의 힘을 공격적이라 받아들인 걸까?

관악기와 발현악기는 음색이 아주 잘 어울려서 플루트와 하프, 오보에와 기타 같은 조합으로 종종 연주되곤 한다(서울사이버음악대의 리코더와 우쿨렐레도 좋은 예다.) 모차르트의 플루트와 하프를 위한 협주곡(K. 299)도 무척 아름답고, 플루트 4중주 1번(K. 285) 2악장 아다지오에서는 바이올린과 비올라, 첼로가 활 대신 손가락으로 현을 튕기는 피치카토 주법을 써서 연주하는데 잘 어울린다. 아울로스와 키타라를 서로 다툼 붙일 일이 아니라 더불어 연주를 시켰다면 분명 합이 좋은 듀오가 되었을 거다.

이렇게 망나니 취급을 받던 디오니소스를 위해 변명을 해준 사람이 바로 철학자 니체다. 그의 첫 책 『비극의 탄생』에서 그리스 비극을 분석하면서 질서

정연함의 아폴론적 세계뿐 아니라 감정, 혼돈, 무아지경의 경험도 인간에게 필요하다는 주장을 펼친 것이다.

아울로스는 로마 제국 내에서 기독교가 확산되면서 이교도의 축제에 쓰이던 세속적인 유흥 악기라며 추방되어 점차 소멸되었다고 한다. 나는 이런 리코더 조상님의 역사를 알고 나서 어쩐지 기분이 통쾌해졌다. 다시는 리코더를 얕잡아보지 마라! 바쿠스 제전에서 격렬한 쾌락을 담당했던 악기다! 굉장한 카오스를 불러올 수 있는 위험한 물건이다! 철학자들도 기독교 관계자들도 몹시 두려워한다! 내 손 안의 작은 플라스틱 막대에 스며 있는 신화와 역사의 스케일에 괜히 짜릿해진다.

*

농인 부모의 청인 자녀를 가리키는 코다(CODA: a Child Of Deaf Adult) 가족의 이야기를 다룬 독일 영화 〈비욘드 사일런스〉(1998)에는 이런 장면이 나온다. 해가 뜰 때 나는 소리, 눈이 땅에 닿을 때 나는 소리…. 듣지 못하는 아버지는 청인인 딸이 번역해주는 자연의 소리를 상상한다. 아버지는 바람이 몹시 부는 풍경을 보며 어떤 소리가 나는지 묻는다.

딸은 답한다.

"바람은 소리가 없어요. 깃발이 소리를 내는 거예요. 종소리처럼."

목관악기는 일종의 깃발이고 종이다. 바람으로부터 소리를 만들어낸다. 영화 속 딸은 클라리넷 연주자가 되어 아버지 곁을 떠난다.

*

woodwind, wood, wind. 나무를 통과한 바람이 진동하며 소리를 낸다.

풀이나 나무의 틈새에 자기 숨을 불어넣어 소리를 내본 옛사람의 환희로부터 최초의 관악기는 출발하지 않았을까? 네이버 '악기 백과'(민은기 외 편찬)에서는 플루트의 발명이 '속이 빈 나무, 갈라진 풀잎 등을 입에 대고 부는 행동에서 출발하여 점차 그 형태를 갖추게 되었을 것'이라고 추측한다. 고대 그리스의 아울로스와 크게 다르지 않다. 클라리넷의 기원 역시 옥수수 줄기나 갈대로 만든 원시적인 악기에서 출발했을 것이라는 설이 지지를 받는다.

고대의 피리 가운데는 독수리나 고니의 날개뼈, 곰의 다리 뼈로 만든 뿔피리 형식의 것들도 종종 발견된다고 하는데 만드는 과정도 소리를 내는 과정도 상상해보면 좀 으스스하고, 또 어딘가 디오니소스적이다. 죽은 생명체의 조각에 입을 맞추고, 살아 있는 생명체의 호흡을 통과시켜 둘의 협력으로 만들어내는 소리라니.

관악기 소리를 들을 때면 현악기로 이루어진 숲에 날아들어 재잘대는 새소리 같기도 하다. 스토리가 뚜렷하게 있는 표제 음악인 프로코피예프의 〈피터와 늑대〉에서는 오보에가 오리를, 플루트가 다양한 새들을 직접적으로 표현하며, 생상스의 〈동물의 사육제〉에서는 클라리넷이 암탉과 수탉을 맡는다. 특히 가장 작고 높은 음을 내는 목관악기 피콜로를 위한 독주곡을 들어보면 악기가 말 그대로 지저귀고 노래한다.

그렇게 목관악기의 본질은 자연에서 온 재료로, 연주자의 허파를 통과한 숨을 불어넣어, 자연과 닮은 소리를 낸다. 고대부터 지속되어온 이 악기의 속성에서나 신체와 더없이 밀접하게 닿아 있다는 면에서나 관악기는 아주 원초적이고 본능적인 악기로 느껴진다. 물론 그 악기를 가지고 연주하는 음악은 고도로 정교하고 복잡한 문명의 산물이지만.

*

내 친구 Y는 어릴 적 첼로를 배웠고, 친구의 십 대 딸은 플루트를 연주한다. 청소년 오케스트라에서 딸이 연습하게 될 교향곡을 함께 미리 들어보다가 친구가 물었다고 한다. "근데 플룻은 언제 나와? 1악장 도입부 내내 현악 파트만 열일하네?"

딸은 이렇게 답했다. "엄마, 오케스트라가 크리스마스트리면 플룻은 반짝반짝하는 작은 꼬마 전구라고 생각하면 돼."

절묘한 비유다. 오케스트라에서 수적으로 가장 다수이기도 한 현악 파트는—실제 악기의 주재료가 나무이기도 하거니와—크리스마스트리의 나무처럼 곡의 기본 바탕을 이루는 경우가 많다. 일하는 시간도 길다. 음역대는 넓게 퍼져 있지만 형태나 소리가 유사한 바이올린, 비올라, 첼로, 콘트라베이스가 함께 어우러져 곡의 골조를 형성한다.

트리의 형태를 먼저 소개하고 나서야 반짝, 불이 켜질 차례다. 한참 쉬다 짧게 등장하곤 하는 관악 파트는 화려함을 더하는 전구, 특이한 형태나 소재로 된 오너먼트, 트리 꼭대기에 달린 별 같은 존재랄까.

화려하고 장식적인 역할을 맡는 만큼 연주가 끝나면 커튼콜 시간에 지휘자가 관악 파트 연주자를 몇 사람씩 일으켜 세워 청중의 갈채를 누리게 하는 경우를 종종 보게 된다. 돋보이기만 쉬운 게 아니라 비난이나 미움을 받기도 쉽다. 연주회에 가면 공연 직전 혹은 다른 단원이 무대에서 내려가 자리를 비운 중간 휴식 시간에도 관악 주자들만은 최후의 순간까지 쉬지 못한 채 연습을 하고 있는 광경을 종종 목격하게 된다.

의문이 생긴다. 관악기는 프로 연주자들의 영역에서도 유독 실수가 잦은 악기인가? 몇몇 연주회에서 매끄러운 선율이 흘러야 할 시점에 맹수 울음 같은 기괴한 소리가 들려와 흔들리는 눈동자로 출처를 찾았던 기억들이 떠오른다. 십수 명은 되는 바이올린이나 첼로에 비해 관악 파트는 악기마다 한두 명, 말러 교향곡 같은 대편성일 때도 네 명 정도가 최대다. 여럿이 같은 악보를 두고 연주하기에 조금 흔들릴 때도 동료에게 묻어갈 수 있는 현악기에 비해 실수할 때 티가 많이 난다는 편이 더 정확할 거다. 온도와 습도에 영향을 받는 악기 특성상 현장의 공기 속에서 가장 좋은 소리를 끝까지 찾고 있는 걸로도 보인다.

오케스트라에서 플루트나 트럼펫을 맡으려면 잘하는 것만큼이나 담대해야 할 것 같다. 다른 악기들이 멈추고 숨죽여 자리를 내어줄 때 혼자 큰 소리, 그것도 고음으로 정적을 깨뜨리며 등장하는 경우가 잦은데 너무 겁이 많거나 쉽게 긴장하는 성격이라면 곤란하다. 잘했을 때의 스포트라이트도 못했을 때의 비난도 피하거나 숨거나 나눌 데가 없이 홀로 받는다면 확실히 실력만큼이나 배짱이 필요하다.

오케스트라에서 여러 나무 중 한 그루이던 친구 Y에게는 나무들이 묵묵하게 이루는 큰 그림이 먼저 눈에 들어왔겠지만, 점차 딸이 담당하는 짧은 반짝임과 생기에도 익숙해져가는 듯하다. 더불어 실수하지 않을까 조마조마해하며 연주를 지켜보면서 배짱을 불어넣어주고 응원하는 객석의 역할에도.

*

BTS 멤버인 진이 제대하던 날, 군악대에 복무 중이던 다른 멤버 RM이 색소폰을 들고 가 부대 앞에서 연주하는 사진이 찍힌 걸 봤다. 전역자를 맞이하며 둘러싸 축하하는 일행 무리는 미묘하게 RM과 각도가 틀어져 있었다. 사진만으로도 누구 하나 음악에 딱히 신경 쓰지 않고 있고 연주를 귀 기울여 듣는 사람도 없다는 게 전해졌지만… 연주자는 행복해 보였다. 아마 최고로 좋은 자리에, 나의 소중한 것을 들고 가서 기쁨을 같이 누리고자 했을 것이다. 그야말로 반려 악기라고 할까. 1년 후, RM은 자신이 제대하는 날에도 색소폰 연주로 스스로를 축하했다.

관악기는 이처럼 휴대하기가 쉽다. 그 말은, 본인이 챙겨 다니지 않으면 연주할 일이 없다는 뜻이기도 하다. 피아노라면 가구나 시설물처럼 어딘가에 놓여 있는 경우가 많다. 예를 들어 회사 워크숍을 간 리조트 강당 같은 곳에 피아노가 한 대 놓여 있다 치자. 거기에 모인 사람들 가운데 문득 손가락이나 풀어볼까 하며 무심하게 자신의 능력을 펼쳐 보여주는 게 가능하다. 과장님이 저런 능력자였다니! 기타 역시 동아리방이나 누군가의 집에 인테리어 소품처럼 놓여 있을 때 한번 스윽 연주하면서 멋져 보일 기회를 틈탈 수 있다.

하지만 당신이 연주하는 품목이 관악기라면? 각자의 악기 케이스 안에 들어가 눈에 띄지 않을 것이다. 입을 대야 하기에 남의 것을 함부로 불어볼 수도 없다. 스스로 굳이 챙겨 들고 찾아가서 꺼내야 한다는 점에서 적극적이라고도 혹은 구차하다고도 할 수 있는 연주 풍경이 펼쳐진다.

관악기 연주자들에게 느끼는 동료 의식은 봄가을 밤이면 성산대교 아래 한강공원에서 혼자 색소폰을 연주하고 있는 이름 모를 아저씨에게마저 향하곤 한다. 다리 밑 버스킹은 남들의 시선을 끌고 웃음을 살지라도 '나는 여기서 나의 음악 세계를 펼쳐 보이겠다'는 선언이다. 그런 의미에서도 관악기 주자에게는 배짱이 필요하다.

*

 목관은 아니지만 기억에 남는 관악기 이야기가 있다. 전람회 1집(1994) 두 번째 수록곡 〈여행〉은 녹음실에서 두 멤버가 나누는 대화로 시작된다. 우연히 녹음된 소리를 재밌으라고 살려 넣은 것 같은 트랙이다. 요즘에는 안무 연습실이나 스튜디오 녹음 과정이 메이킹 영상으로 공개된다면, 30년 전 창작자들의 작업 과정을 엿볼 수 있는 자료인 셈이다.

 두 사람은 뚱땅뚱땅 피아노를 치며, 1993년 대학가요제 대상을 받은 〈꿈속에서〉 대신에 이 노래로 참가하려고 했었다는 얘기를 서로 나눈다. 또 어떤 식으로 곡을 만들어갈지 아이디어를 던지며 편곡 방향을 상의한다.

 "야, 이걸 생 브라스를 써야 되는데⋯." 이 목소리는 베이시스트 서동욱이다.

 "생 브라스? 돈 많이 들잖아." 방금 전까지 피아노를 치던, 작곡가이자 보컬인 김동률이 조금 의기소침하게 답한다. 고등학교 때 이 앨범을 즐겨 들을 때는 '생 브라스'라는 말이 생소했지만 문맥상 '컴퓨터 미디로 찍는 것이 아니라 금관악기 연주자들을 직접 데려와서 실연으로 녹음을 해보자'는 정도의 뜻이라는 건 알 수 있었다.

"야, 돈 걱정은 니네가 하는 거 아니니까 그냥 해!"

갑자기 빽 소리를 지르는 사람은 앨범의 프로듀서였던 신해철이다. 그리고 '해철이 형'은 곧 소란스러운 스튜디오에서 잠이 들어버린다. 이 형도 당시엔 겨우 이십대 중반이었는데 돈 걱정 말라던 약속은 지켜주었는지, 풍성한 브라스 소리로 곧 노래가 시작된다. 해리 코닉 주니어 풍으로 드럼과 베이스, 피아노와 생 브라스가 흐드러지게 깔린 〈여행〉은 언제 들어도 좋다. 갓 스무 살 뮤지션들이 원껏 펼쳐보고 싶었을 세련된 빛과 풍요로운 윤기를, 금관악기가 노래에 넉넉히 둘러준다.

이 셋 중 두 사람이 이제 세상에 없다. 하지만 노래를 재생할 때마다 따뜻하게 반짝이는 불을 켠 듯한 느낌은 분명 '생 브라스'를 둘러싸고 이들이 나누는 대화와 웃음, 그리고 브라스 사운드 그 자체 덕분일 거다. 악기 소리와 노래와 대화와 웃음의 재료가 되는 인간의 숨결은 언젠가 멈추지만 음악은 영원히 남는다. 인간은 공기를 인생으로, 또 음악으로 바꾸는 존재다.

리코더 실종 사건

사람들은 길에서 별별 물건을 다 잃어버린다. 길 위의 분실물은 겨울에 더 다채롭다. 아마 챙겨야 할 소지품의 종류는 많아지는데 옷을 여러 겹 두텁게 겹쳐 입다 보니 몸의 감각이 둔해진 나머지 잘 살피지 못하는 탓일 것 같다. 장갑이나 마스크, 목도리, 우산, 귀마개, 털모자 같은 것은 겨울 길바닥에서 흔하게 목격할 수 있는 분실물의 품목이다.

언젠가는 고척 스카이돔 앞을 운전해서 지나는데 8차선 대로 중앙선 가까이에 남성용 구두 한 짝만 돌아다니는 걸 보고 가슴이 덜컹했다. 무슨 사연일까 걱정이 되면서, 신발 주인이 다친 데 없이 무사히 집으로 돌아갔기를 마음으로 빌었다. 인형 같은 게 버려져 있을 때도 괜히 마음이 쓰이는데, 꼬질꼬질하게 때가 묻어 있을수록 더 그렇다. 더러운 인형에 대해서는 세 가지 가설이 가능하다.

1. 소유자의 품에서 오래 사랑받아 때가 탔지만, 세월이 흐르며 쓸모를 다해 유기되었다.
2. 소유자가 길을 걸을 때조차 갖고 있어야 할 정도로 아꼈는데, 길에서 그만 실수로 놓치고 말았다.

3. 새것인 채로 버려져 길바닥을 전전하다 오염되었다.

 셋 중 어느 쪽이든 슬프고 안타까운 감정이 생겨나는 건 아무래도 인형에는 얼굴이 있고 눈이 있는 바람에 영혼의 존재를 상상하게 되고, 영혼은 있지만 제 다리로 움직일 수는 없어서 누군가가 정해준 자리에 오도카니 머물러 있다고 여겨지기 때문일까.
 어쨌거나 길에서 마주치는 물건이라고 해서 절대로 쓸모없어 버려진 것이라고 단정하면 곤란하다. 내 리코더도 그렇게 길바닥에 버려진 적이 있기 때문이다.
 어느 날 리코더가 사라졌다. 열흘도 안 남은 서울숲 커뮤니티센터 연주회를 앞두고 한참 벼락치기 연습에 속도를 올리던 시기였다. 북토크는 거들 뿐, 음악 연주를 중심에 두고 섭외 받은 행사인 데다 클래식 곡으로만 레퍼토리를 구성했기에 연습에 대한 부담이 적지 않았다. 홍보물에는 이렇게 인쇄가 되어 나왔다.

엘가 / 사랑의 인사
슈만 / 어린이 정경 중 미지의 나라
하이든 / 세레나데
엔니오 모리코네 / 가브리엘의 오보에
쇼팽 / 에튀드 중 이별의 곡

* 위 프로그램은 연주자의 사정에 의해 사전 공지 없이 변경될 수 있습니다.
* 우쿨렐레 반주: 김하나

   우리에게 친숙한 클래식 곡들을 더 친숙한 악기인 소프라노 리코더로 연주합니다. 그리고 서투르고 실수해도 충분히 즐거울 수 있다는 『최선을 다하면 죽는다』의 정신에 대해 이야기 나눕니다.

   '친숙함'을 강조해 관객의 기대치를 낮추는 한편으로 틀릴 경우에 대비해 '서투르고 실수해도 충분히 즐거울 수 있다'는 문장을 보험처럼 넣었다. 프로그램이 변경될 수 있다는 공지는 전문 연주자들의 공연에 늘 사용되는 문구이기에 따라서 적어봤는데, 정작 우리 쪽에서 준비된 다른 곡이 없기에 변경하고 싶어도 할 수 없었다. 공표한 다섯 곡과 깜짝 앙코르로 준비 중이던 머라이어 캐리의 〈올 아이 원트 포 크리스마스 이즈 유(All I Want For Christmas Is You)〉까지 익숙하게 손에 익히려면 갈 길이 멀었다.

리코더 실종 사건 당일은 행사 주최 측에서 사전홍보를 위해 사용하겠다며 요청한 연주 영상을 찍기로 한 날이었다. 우리의 팟캐스트 녹음실이자 작업실인 소릿재에 자연광이 잘 드는 오후 시간 동안 촬영을 마치려면 짧은 겨울 해가 넘어가기 전에 서둘러야 했다.

그런데 집에서 연습하다 말고 급하게 출발하느라 허둥지둥 손에 들고 나왔다고 생각한 리코더가, 막상 소릿재에 도착해보니 없다. 차에 두고 온 거겠지 싶어 주차장에 다시 가서 앞자리, 뒷자리, 트렁크까지 샅샅이 뒤졌는데도 없다…?

악기가 없으니 당연히 연주도 할 수 없고 영상도 찍을 수 없었다. 그날 저녁에는 오랜만에 둘이 함께 연주회를 보기로 되어 있었는데, 그사이 할 수 있는 일이 없어졌으니 조금 일찍 공연장으로 출발했다. 머릿속은 리코더에 대한 근심으로 가득했다.

왜 클래식 음악을 좋아하냐는 질문을 받으면

인류를 사랑하게 해주기 때문이라고 답한다. 특히 음반보다는 실연을, 독주보다는 오케스트라 연주를 좋아한다. 다양한 파트를 담당하는 단원들이 역할에 충실하면서 서로 다른 능력치를 합쳐 공동의 목표를 이뤄가는 모습이 안정감을 준다. 실제 사회가 굴러가는 모습은 그렇지 못할 때도 많지만, 이상적으로 기능하는 사회의 축소판처럼 보인다.

    살면서 무질서와 폭력, 전쟁이나 혐오에 절망하는 순간들이 자주 찾아오기에 더욱, 정기적으로 교향악단의 연주를 들으러 가면서 인류애를 충전한다. 수백년 전의 음악에 귀 기울이는 동안은 많은 걸 잊을 수 있다. 현생의 고통도, 당장의 마감도, 다가오는 (덜 준비된) 내 연주회 걱정과 망신당하진 않을까 하는 불안도, 그리고 행방이 묘연한 리코더도.

    그날 정명훈 지휘자가 이끄는 뮌헨필하모닉과 피아니스트 임윤찬의 베토벤 피아노 협주곡 4번도 모든 시름을 잊게 만드는 힘이 있었다. 3악장까지의 협연이 끝나고 엄청난 박수와 환호 속에서 몇 번의 커튼콜 인사를 하던 피아니스트는 퇴장 전의 짧은 작별 인사를 위해 다시 피아노 앞에 앉았다. 앵콜곡은… 놀랍게도 쇼팽의 에튀드 중 '이별의 곡'이었다. 도파미파솔 라라솔라 시b시b라 레도 시b라 미파솔.

바로 몇 시간 전 내가 리코더로 연습하던 그 노래다. 하필 이 노래를 연습한 건, 그리고 오늘의 앙코르로 이 곡이 흘러나오는 건, 리코더와의 이별을 예고하는 것일까…. 음악의 마법은 이내 끝났고 현실로 돌아올 시간이었다.

돌아온 집에도 리코더는 없었다. 시간은 이미 자정이 가까웠다. 리코더는 도대체 어디에 있나? 추리소설로 독서를 배운 김하나가 조심스럽게 하나의 가설을 던졌다. 낮의 경로를 되짚으면서, 집에서 출발해 작업실로 가는 사이에 잠시 들렀던 장소인 동물병원을 떠올린 것이다. 첫째 고양이 하쿠가 신부전을 앓으면서 신장 관리용 특수 사료를 사러 가거나 처방약을 받으러 자주 방문하는 곳이다. 용무를 본 시간은 채 3분도 걸리지 않은 데다 곧바로 돌아와 차에 탔는데 그 잠시 동안, 꺼내지도 않은 리코더가 없어지는 게 가능한가? 어쨌거나 용의선상에 남은 장소는 동물병원뿐이었다. 동선상 유력하다는 것뿐, 거기에 있을지 없을지는 모를 일이었지만.

이미 문을 닫았을 병원에 가보기로 했다. 운이 좋으면 창에 붙은 유기견 유기묘 안내 전단들 사이로 분실물 습득 안내 메모가 붙어 있을 수도 있다. 혹 아무 소득이 없이 리코더가 거기 없다는 사실만 확인하고 온다고 해도 가봐야 했다. 진짜로 잃어버렸다는 걸 받아들이는 최종 선고의 퍼포먼스일지라도. 그게 내 리코더에 대한 최소한의 예의이고 리코더를 향한 내 마음에 대한 존중이었다.

아파트 주차장을 빠져나와 고요한 밤거리로 향하는데 운전대를 잡고 있던 김하나가 말했다.

"집에 다른 리코더도 있잖아? 그리고 진짜로 없어진 거면, 내가 똑같은 모델을 새로 사줄 수도 있어."

내가 이렇게 매정한 사람과 지난 7년의 시간을 함께 살아왔단 말인가.

"아니야, 소용없어. 내 리코더는 다르다고. 그건… 세상에 하나뿐이니까."

내 손가락과 숨결과 타액에 길들여진 내 리코더는 유일하다. 숱한 곡을 연주하고 연습해온 시간이 그렇게 만들었다. 세상 모든 장미와 다른 어린 왕자의 장미처럼.

사건 현장을 재방문하느라 차에 오르는 순간 경위를 파악했다. 가방이며 짐을 여러 개 든 채로 급히 차에 타느라 손에 들고 나온 리코더를 무릎에 두었는데, 정신없이 내리다가 그만 굴러떨어진 거였다. 묵직한 겨울 코트 옷자락에 쓸려 너무 가벼운 리코더가 길에 떨어지는 데도 미처 몰랐던 거다.

'진짜 그 자리에 없으면 어떡하지…? 지나는 차들에 치여 더럽혀지다 바퀴에 깔려 박살난 건 아닐까? 누가 주워서 버리거나 쓰레기에 휩쓸려 실려 갔을지도 몰라… 쓰레기 소각장에 가봐야 할까?'

리코더의 비참한 최후를 가정하는 온갖 나쁜 상상이 꼬리를 물었다. 정말로 그렇게 되었다면 부주의한 나를 도저히 용서할 수 없을 것 같았다. 매정한 건 김하나가 아니라 자기 악기 하나 제대로 간수하지 못하고 길에 흘려버린 나였다.

인간은 자기가 공들여 일구고 가꾼 것들과만
진정한 관계를 맺을 수 있고, 이 관계를 통해서만
자기 존재를 확장할 수 있다. 어떤 사람이 일만
사람을 사귀고, 일만 가지 물건을 소유하고
있어도, 그중 어느 것 하나도 자신이 마음과
노력을 부어 길들인 것이 아니라면, 그 사람은 이
세상을 살았다고 할 수 없는 것이다. (…)
(어린왕자 속) 여우가 '길들인다'고 말하는
것은 자기 아닌 것과 관계를 맺으며, 자신을
그것의 삶 속에, 그것을 자신의 삶 속에 있게
하는 일이다. 존재가 세상에 진정한 뿌리를

내리게 하는 것은 권력이나 소유나 명성이
아니라 이 길들임이라는 것은 말할 것도 없다.*

"…있다!!!!"

바로 거기 리코더가 있었다. 떨어져 있다면 그 장소는 차도일 거라 생각했는데, 동물병원 앞 인도의 가로수 아래, 나무뿌리를 보호하며 보도블록과 단차를 맞추기 위해 씌운 금속 덮개에 리코더가 반듯하게 놓여 있었다. '야마하'라고 영어로 적힌 올리브그린색 패브릭 케이스에 담긴 그대로, 심지어 도로의 방향과 평행하게 얌전히 놓인 걸 보면 누군가 의도적으로 주워서 눈에 잘 띄는 데 둔 게 분명했다.

리코더가 무사히 돌아왔다. 최소 여덟 시간을 길바닥에 떨어져 있었건만, 케이스 속 설명서까지 온전한 상태로. 리코더를 품에 안으니 눈물이 찔끔 났다. 감사와 자책, 다행스러움과 미안함이 교차했다. 열어놓은 창문으로 외출했다가 이틀 동안 집에 못 돌아왔던 우리 집 막내 고양이 영배를 주차장에서 발견해 품에 안았을 때와 똑같은 감정이었다.

운전석의 김하나가 말했다.

* 황현산, 『황현산의 사소한 부탁』, 난다, 2018, 136쪽.

"너무 다행이다. 그런데 분위기 잡쳐서 미안하지만, 그거 되게 더러울 수도 있어⋯."

생각해보니 리코더를 되찾은 장소는 강아지들이 산책하다가 충분히 영역 표시를 할 수 있는 위치였다. 맞아, 영배도 가출했다 이틀 만에 집에 돌아왔을 때 몹시 꾀죄죄했지⋯. 집에 돌아와 리코더 케이스를 세탁하고 악기도 깨끗이 세척하는 것으로 리코더 실종 사건은 종결되었다.

그 뒤로 종종, 어느 겨울날 추운 도로 위에서 리코더를 발견했을 사람의 마음을 떠올려본다. 그대로 방치하거나 자의로 버리지 않고 귀찮음을 감수하며 주워 올려 가로수 아래에 반듯하게 두었을 적극적인 실천의 마음을. 그리고 거기 있는 리코더를 목격하고도 가져가거나 망가뜨리는 대신 그대로 가만히 두었을 또 다른 많은 행인들의 소극적 배려 또는 선의의 무관심 또한.

그 마음을 생각하면 잘 살고 싶어진다. 선행의 주인공이 누군지 몰라서 되갚을 길은 없으니, 살면서 그 고마운 마음을 내가 또 다른 타인에게 다른 방식으로 보답할 수밖에 없을 것이다.

그러나 김하나는 말했다.

"그냥⋯ 다른 사람들에게는 리코더가 필요하

지 않았던 것 아닐까? 탐낼 만큼 값나가는 물건도 아니고….”

물론 리코더는 새 물건의 가격도 비싸지 않고, 누가 쓰던 건지도 모르는 중고품을 집어가서 사용하기에도 찜찜한 품목이긴 하다. 그래도 나는 믿고 싶다. 그걸 발견한 사람이 돈 되는 물건이 아님을 확인하고 또 자신에게 아무 소용이 없기에 가져가지 않았다기보다, 누군가에게 너무나 소중하고 가치 있는 물건임을 짐작했기 때문에 반드시 찾으러 돌아올 거라 믿어서 거기에 두었다고.

그 편의 전개와 결말이 나에게는 훨씬 더 끌리는 이야기다. 내가 타인들을 대하는 데 더 힘이 되며, 인간성을 고결하게 느끼도록 만들어준다. 인류애가 충전되는 건 오케스트라 음악을 들을 때만이 아니다.

내가 길들인 리코더와 함께, 나는 세상에 뿌리를 더 단단히 내린다.

악기 연주를 잘하고 싶은
사람들을 위한 비법

리코더 실력이 늘었던 몇 번의 계기가 떠오른다. 우선 동네 청소년센터 수업에 등록해 지도를 받은 한 달의 경험. 내내 혼자 불면서는 한계에 부딪힌 줄도 몰랐던 몇몇 기술적 문제를 해결할 수 있었으며, 도전해볼 엄두도 내지 않던 곡의 악보들 속으로 선생님의 손을 잡고 같이 걸어 들어갔다. 〈벨라 판타지아〉를 처음 배워 연주한 날의 희열을 잊지 못한다.

작은 동네 서점 공간에서 연주회를 열어보면 어떻겠냐는 사장님의 제안에 첫 오프라인 발표회를 잡아놓고 준비하던 벼락치기 기간도 있었다. 책방 공간과, 사장님과, 또 관객과 맺은 약속이 주는 책임감의 중력이 연습의 밀도를 높였다. 앙코르로 이문세의 〈가을이 오면〉을 연주할 때, 비 오는 날의 촉촉한 공기를 머금은 목소리를 가진 사장님이 행복한 표정으로 따라 부르는 허밍을 들으며 짜릿했다. 이 표정을 몇 번이고 다시 보고 싶었다. 뮤지션들이 무대의 쾌감에 중독된다더니 이런 느낌이었던 건가….

그리고 또 부쩍 리코더를 잘 불게 된 시점이 있다. 앞의 둘은 다른 사람의 개입으로 밖으로 나아간 경험이라면 마지막 하나는 혼자서 안에 틀어박힌 시간이다. 부담스러운 단행본 원고의 첫 마감을 앞두고 있던 겨울, 그때 나는 도망칠 곳이 필요했다. 리코더 연습은 아주 작고 아늑한 도피처였다.

언젠가 지인의 언니인 서울대 경제학과 교수님 이야기를 들은 적이 있다. 그분은 '아무것도 미루지 않는 사람'이라고 한다. 가족과 함께 있을 때나 모임에서 누군가를 기다리고 있을 때, 잠깐의 시간만 주어져도 전원 스위치를 올린 듯 바로 노트북을 열고 즉시 업무 모드에 들어가 하던 일을 이어 한다는 것이다. 그러니까 '마음먹으면 바로 하는 사람'이랄까.

얼굴 한번 본 적 없지만 교수님은 그 뒤로 친구들 사이에 종종 불려 오는 성공의 표상이 되었다. 어떤 일을 미루지 않고 즉시 처리했을 때 스스로를 자랑스러워하며 말한다. "나 오늘 완전 서울대 경제학과 교수님같이 살았어." 혹은 상대방이 미적대는 법 없이 빠르게 업무를 처리하면 이렇게 칭찬한다. "무슨 일이야? 서울대 경제학과 교수님인 줄?"

나로 말하자면 '일단 미루고 보는 사람'이다. 특히 글쓰기에 대해서 그렇다. 자투리 시간을 활용하는 건 고사하고 통으로 시간이 주어져도 바로 원고에 진입하기가 어렵다. 주방 화구에 불을 켜기 전 미리 식재료 밑준비를 철저하게 해두는 셰프라도 된 듯 꼼꼼한 딴짓의 사이클을 한 바퀴 돌린다.

미룰 수 있을 만큼 미루다가, 최최최종 진짜 파

이널 마지막 마감의 순간에 몰리면 바짝 집중력을 발휘해 글을 완성하긴 하는데 이렇게 똥줄이 타기 전에는 집중의 땔감에 좀처럼 불꽃이 일지 않는다는 게 문제다. 그러니까 미루는 과정까지가 이미 글쓰기와 한 덩어리가 되어버려서 이걸 분리하는 일이 어렵다(너무 비난하지 말아주세요. 본인이 이미 충분히 힘들답니다….) 나만 그런 건 아닌 모양이다.

> 일을 미루는 사람으로서, 나는 게으름을 피우고자 하는 인간의 욕구를 어떻게 이용해야 하는지 잘 알고 있다. 먼저 내키는 대로 책도 한 권 더 읽고, 콜트레인(John Coltrane) 음반도 듣고, 샤워도 하고, 공원도 산책한다. 이 모든 건 '글쓰기'라는 항목으로 분류된다. 따라서 스스로에게 이렇게 말한다. 지금 나는 술 한 잔을 손에 들고 누워서 멍하니 천장을 바라보는 것처럼 보이겠지만, 사실은 글을 쓰고 있는 거야. 때가 되면 '글쓰기'를 멈추고 진짜 글을 쓰기 시작할 거야.*

---

* 앤드루 산텔라, 『미루기의 천재들』, 김하현 옮김, 어크로스, 2019, 107쪽.

미루기의 영재쯤 되는 나의 글쓰기는 언제나 고양이 화장실 치우기로 시작된다. 그리고 자연스럽게 이어지는 손 씻기와 핸드크림 바르기. 그러다 문득 새로운 향의 핸드크림을 구매하면 글이 더 잘 써질 거란 확신이 든다. 핸드크림을 쇼핑하는 김에 효율을 위해 몇 가지 화장품을 같이 주문한다. 유산균, 루테인 같은 생필품 주문도 당연히 글쓰기의 일부다. 장 건강과 눈 건강이 글쓰기에 얼마나 중요한가? 난데없는 감자 샐러드 만들기나 재활용 쓰레기 내다 버리기가 글쓰기 항목으로 분류될 때도 있다. 잘 먹어야, 쾌적한 환경을 유지해야 글을 쓸 수 있지 않나. 하물며 리코더 연습이 들어가지 않을 이유가 없다.

어쩌다 내가 글쓰기로 밥벌이를 하고 있나 신기할 때가 있다. 책 읽는 건 늘 좋아했지만 쓰기는 또 다른 일이어서 한발 떨어져 있었다. 나보다 훨씬 재능이 뛰어난 친구들을 많이 봤기 때문에. 학교 대표로 백일장에 나가고 문예창작과나 국문과로 진학을 한 그 친구들이 학급 문집에 어른스러운 시를 실을 때, 나는 잡지에서 뮤지션이며 영화배우 화보를 잘라 모은 스크랩북 같은 걸 만들거나 라디오 심야방송을 녹음하는 데 몰두했고, 만화를 끼적이고 있었다. 대학 때의 단짝들이 죄다 학교 신문사나 단과대 문예지 편집부 활동을 할 때 유일하게 그저 놀고 있었던 것도 나였다.

놀 시간이 항상 심각하게 모자랐다. 리포트 제출 외의 마감을 자발적으로 만들다니, 시험 공부를 하고 숙제를 할 때 책상 앞에 앉아 있는 걸로도 모자라 그 시간을 더 늘린다니, 쟤들은 왜 고난을 자처하는 걸까? 내가 쓰는 글이라고는 PC통신 게시판에 흩어지는 음악 잡담 아니면 동기들 몇몇과 만든 맛집 탐방 동아리 '음식남녀'의 날적이 기록 같은 것이 다였다.

'요즘 학번 애들은 너무 가볍다'는 선배들의 걱정을 사던 X세대는 잡지사에 취업했다. 내 얕고 넓은 관심사와 부족한 주의집중력으로 선택할 수 있는 최상의 진로 중 하나였을 것이다. 한 가지 문제가 있다면 잡지사에서는 글을 써야 한다는 거였다. 그것도 매달 여러 개의 글을.

잡지사를 다니며 즐거운 순간이 많았다. 이런 주제를 이런 방식으로 접근해보자고 기획안을 쓸 때, 취재원을 만나 인터뷰를 하고 이야기를 들을 때, 스튜디오에서 사진가와 협업하며 멋진 비주얼을 만들어낼 때…. 신이 났다. 아이디어를 던지고 거기다

살을 붙이느라 매달 싸돌아다는 게 재밌었다.

하지만 그런 즐거운 일들을 실컷 통과하고 나면 결국 사무실로 돌아와 글을 써야 했다. 새벽까지 엉덩이를 붙이고 앉아 있어야 했다. 꿈 깨라는 듯 시커멓게 입을 벌린 마감을 통과해 일주일의 야근 속으로 기어들어 가는 형벌을 받았다. 그걸 한 달에 한 번씩, 20년이나 반복할 줄은 몰랐다. 나는 여전히, 누가 시키지 않는 데도 글을 쓰는 사람들을 존경한다. 계약이 되어 있거나 고료를 받지 않는 데도 즐겁게 글을 쓰는 사람들이 부럽다. 그 순수한 자발성이야말로 재능의 영역이 아닐까?

출판사 웹페이지에 연재해서 원고를 쌓은 다음 책으로 묶자고 편집자와 약속한 뒤 첫 마감 날짜가 다가오고 있었다. 나는 스스로를 감금한답시고 부산 송정의 집필실인 바닷재에 일주일 동안 머물렀다. 일상에서 떠나 글쓰기에만 집중해보겠다는 포부였다.

그런데 새로운 칼럼 연재, 그것도 수신인을 정해놓고 서간문 형식으로 처음 써보는 글은 쉽게 써지지 않았다. 내 생각이 짧았다, 편지를 주고받는 상대로 김혼비를 지목하다니. 『아무튼, 술』이라는 걸출하고 웃기는 에세이의 저자이자 『우아하고 호쾌

한 여자 축구』를 써서 세상을 흔들어놓은 작가를…. 그리 좋아하지 않는 동급생과 조별 과제를 같이 하게 되면 그것 또한 의욕이 일지 않는 일이었겠지만 거꾸로 지나치게 좋아하는 인물과 한 팀이 되겠다는 자원이야말로 섣부른 충동이라는 걸 늦게 알았다.

깨달음은 어째서 워드프로그램을 열고 나서야 깜빡이는 커서 속도의 심장 박동이 되어 찾아오는가. 변변찮은 글을 써서 이 사람에게 누가 되고 싶지 않다는 강렬한 욕망은 변변치 않을까 봐 아무 글도 못 꺼내놓는 상태로 이어졌다가, 나라는 인간의 변변치 않음 그 자체에 대한 반성과 고찰로 이어졌다. 못난 내가 슬퍼서 바닷가를 매일 2만 보씩 걸었는데, 걷다 보니 봄부터 새로 시작할 팟캐스트에 대한 구상이 떠올라 신이 났다.

걷고 돌아와서는 바다를 보며 리코더를 불었다. 햇볕과 바닷바람을 쐬며 오래 걸은 탓에 매일 밤 순식간에 잠들었다. 일어나면 따뜻한 차를 마시며 요가를 하고, 또 바닷가를 걷고, 돌아와 리코더를 불고…. 2월의 바다는 거대하게 차가웠지만 그 곁에는 때 이른 매화가 피었다. 긴 겨울 속에 얼어붙은 듯 보이는 매일 가운데에도 다가올 봄의 생동이 천천히 시작되고 있었다. 단 하나, 진도를 못 나가고 있는 내 글만 빼고는. 글을 망치지 않는 단 하나의 길이 있었으니 그건 영원히 시작을 미루는 것이었다.

　미루는 습관이 일종의 완벽주의에서 비롯된다는 이야기를 들었다. 지금 하는 일이 너무 중요하다고 생각하면 잘해내야 한다는 압박감 때문에 자꾸 시작을 외면하고 미루게 된다는 것이다. 글쓰기가 덜 중요하다고, 잘하지 않아도 그냥 하면 된다고, 못 쓴 글은 못난 너의 증거가 아니라고, 그저 즐기면 충분하다고, 그렇게 마음먹을 수 있다면 얼마나 좋을까? 마치 리코더를 부는 일처럼 가볍게. 그 둘 사이가 너무 멀었다.

　아직 봄의 시동이 덜 걸린 부산에서, 암기하는 리코더 레퍼토리를 몇 바퀴씩 다 돌고 나서 더 이상 원고로부터 피할 데가 없어졌을 때 나는 신박한 새 길을 찾았다. 세상에는 무한하게 많은 음악이 있잖아? 새 악보를 주문해서 신곡을 연습하는 거야! 이럴 땐 얼마나 똑똑한지 과연 미루기의 영재다웠다.

　음악세계 출판사에서 펴낸 『소프라노 리코더로 연주하는 클래식 발라드』는 양탄자 배송을 타고 순식간에 바닷가 작은 내 처소에 당도했다. 구노의 〈아베 마리아〉, 브람스의 왈츠 작품 39-15, 슈만 어린이 정경 가운데 〈미지의 나라들〉 같은 곡들을 그

때 처음 연습하게 되었다. 이 악보집에 실린 곡들 가운데 드뷔시의 〈아마빛 머리의 처녀〉나 에릭 사티의 〈짐노페디 1번〉은 아직 연주하지 못한다. 원고 마감을 마치고 나니 더 이상 연습에 절박하게 매달리지 않게 되어서다. 화장실 갈 때 다르고 올 때 다르다더니…. 써야 할 원고가 있을 때는 이 곡들을 당장 마스터하지 않으면 큰일 날 것 같았는데, 마감을 하고 나니 전혀 급하지 않은 일로 여기게 되었다.

새해에 악기를 한 가지 익히고 싶다는 사람들에게 이 방법을 권하고 싶다. 시급하고 중요하고, 망치면 안 돼서 당장 집중해야 하기에 도리어 미루고 싶어지는 그런 일을 만들라고. 그때 일을 미루고자 하는 당신 자신의 욕구를 역으로 활용하면 된다. 반드시 딴짓을 하고 싶어질 테니 그때 눈 닿는 곳에 악기를 두는 것이다.

악기 연주만큼 빠져서 헤매기에 황홀한 샛길도 드물다. 우선 재미가 있고, 시간을 허비하는 게 아니라 생산적으로 사용하고 있다는 착각을 주며, 완성이 없다는 핑계로 영원히 빠져나오지 않을 수 있기 때문이다.

원고를 쓴답시고 부산으로 떠났다가 압박감에 리코더로 도망쳤던 이야기를 첫 편지로 써서 보냈더니 김혼비의 답장이 왔다. 그도 글이 써지지 않아서 마감할 때 방문하곤 하는 대부도로 떠났는데 거기서 목탁만 두드리다 돌아왔다는 것이다. 그야말로 서로 똑닮게 통한, 데칼코마니적이고 디토(ditto)스러운 마감 풍경이었다.

그렇게 주고받은 편지를 묶은 책 『최선을 다하면 죽는다』가 무사히 세상에 나오고 나서 북토크를 할 때 우리는 각자가 도망쳤던 굴이자 악기인 리코더와 목탁을 서로 인사시켰다. 그리고 김하나의 우쿨렐레 반주에 맞춰 뉴진스의 〈디토〉를 함께 연주했다. 김혼비의 목탁이 만들어내는 청아하고도 잔망스러운 비트에 관객들은 다들 무아지경이 되어 잠시 속세를 잊었다.

정신을 차려보니 다음 책인 『아무튼, 리코더』가 계약되어 있다.

매번 그렇게 수월해지지 않는 마감을 20년 넘게 반복해봐도 미루지 않는 법을 익히는 데는 실패했다. 다만 기다려준다. 어떻게든 글쓰기에서 도망치지 않으려고 몸부림치며 딴짓을 하는 스스로를. 포기하는 대신 변변찮은 글이나마 내놓기 위해 안간힘을 쓰는 자신을. 인터넷으로 영양제를 주문하고, 고양이 화장실을 치우고, 리코더를 실컷 불어야 시작할 수 있는 나를.

　　리코더만큼 뚜렷한 도약이 아닐지라도 내 글쓰기 실력에 완만한 성장이 있었다면 그런 괴로움을 지긋지긋하게 겪으면서도 달아나지 않고 결국 매번 완성했기 때문일 거다.

　　악기 연주 실력을 발전시키고 싶나요? 책을 한 권 계약하면 됩니다. 책을 쓰면 써서 좋고, 쓰지 못한다면 악기 실력이라도 나아집니다. 단, 당신이 서울대 경제학과 교수님이라면 이 방법은 통하지 않습니다.

희망의 모양

'피리 부는 사나이' 이야기를 기억한다. 독일에 전해 내려오는 민담을 정리한 그림 형제의 동화집에 수록되어 있어 나의 피리, 그러니까 리코더를 접하기도 전인 아주 어린 시절에 읽었다. 하멜른에 창궐한 쥐를 없애주면 대가를 받기로 했는데 시청 관리들이 그 약속을 지키지 않자 도시의 아이들을 몽땅 데리고 사라져버린 역사상 가장 악명 높은 피리 연주자의 이야기다.

『그림 동화』의 많은 수록작이 그렇듯 어린이를 위한 읽을거리라기에는 잔혹한 면이 있다. 액면 그대로 으스스한 대규모 유괴범 스토리나 무능한 구태정치에 대항하는 선동가의 이야기로 읽을 수도, 약속을 지키지 않으면 더 큰 보복이 돌아온다는 교훈담으로도 해석할 수도 있겠지만 오래된 이야기들이 그렇듯 볼 때마다 다양한 상징을 발견하게 된다.

나에게 오래 강렬함으로 남은 부분은 피리 부는 사람을 따라가는 행렬의 이미지다. 동화책 속에는 작은 피리를 부는 사람을 수많은 어린이가 줄을 지어 신나게 좇아가는 삽화가 그려져 있었다. 감언이설로 된 연설도 아니고 하물며 힘찬 징이며 꽹과리도 아니고 고작 힘없는, 음량도 작을 피리 소리를 좇아 수백 명이 한꺼번에 익숙한 도시 밖까지 멀리

나간다고? 왜 다른 무엇도 아닌 피리일까가 나는 늘 피리 연주자로서 궁금했다.

 2024년 12월은 내 인생에서 가장 잠을 못 잔 달이었다. 12월 3일, 계엄령이 기습적으로 선포되었다가 국회에서 해제된 그 아슬아슬했던 밤 이후로 쉽게 잠들 수 없었다. 간신히 잠이 들었다가도 새벽에 두세 시간마다 깨어 새로운 소식을 확인했다. 무슨 저주에라도 걸린 듯 일상의 규칙성이 사라지고 생활이 완전히 바뀌어버렸다. 대체로 여덟 시간 통잠을 자며, 걱정이나 우울도 잘 자고 일어나면 잊어버리던 나의 태평한 내면에 비상 사이렌이 내내 울렸다.

 뉴스를 보고 있지 않으면 불안한데 보고 있으면 분노가 치미는 악순환을 어디서부터 멈춰야 할지도 몰랐고, 멈출 의욕도 생기지 않았다. 계엄 시도는 정치적 결정이라기보다 상식의 파괴로 느껴졌기에 내 나름의 생존 본능이 그런 방식으로 작동한 게 아닌가 싶다. 동의하기 어려운 국가 정책 방향을 지켜볼 때 못마땅하고 스트레스를 받는 정도가 아니라, 내가 발 딛고 선 세상의 지축이 흔들리는 상황을 경험한 것이다. 한 달 내내 이어지는 수면 부족에 수시로 눈이 시리고 깊은 숨이 쉬어지지 않았다. 몸과 마음이 급속도로 쪼그라들었다.

　버티기 위해 당시의 내가 찾은 해결법은 두 가지였다. 한국 현대사 책을 찾아 읽으며 공부하는 것, 그리고 집회에 나가는 것. 그러고 나면 마음이 좀 나아졌다.

　그게 올바른 일이라 나를 투신해야겠다는 정의감도, 뒤틀어진 세상을 내 힘으로 바로잡을 수 있을 것 같은 낙관주의도 아니었다. 그러지 않으면 더 괴로워서였다.

　당장 희망적인 성과가 나타나지 않더라도 발 뻗고 잠이라도 자려면 뭐라도 해야 했다. 역사책을 읽는 동안만은 끝없이 새로고침하는 뉴스 창에서 잠깐 눈을 돌려 더 넓게 볼 수 있었다. 권력의 독점과 부정부패, 힘의 재분배를 요구하는 시민의 싸움이 팽팽하게 반복되며 조금씩 발전해온 민주주의의 역사를 확인할 때면 에너지를 얻기도 했다. 세상이 당장 망할 것 같아 보여도, 총구로 위협당해도, 사람들은 가만히 있기를 거부하고 움직여왔다.

> 함께라면 우리의 힘은 매우 강력하며,
> 우리에게는 잘 기억되지 않은 승리와 변혁의
> 역사가 있다. '그래, 이전에도 여러 번 그랬으니

우리가 세상을 바꿀 수 있겠구나'라는 자신감을 줄 수 있는 역사를 지녔다. 우리는 뒤돌아보며 앞을 향해 노를 저어 나간다. 그리고 이 역사를 전하는 건 사람들의 미래를 향한 항해를 돕는 일의 일환이다. 우리에게는 승리를 담아 전할 호칭 기도, 묵주 기도, 경전, 진언, 군가가 필요하다. 과거는 햇살 속에 놓여 있으며, 과거는 미래라는 밤 속으로 들고 갈 횃불이 될 수 있다.*

집회에 나가서 보면 희망에는 이목구비가, 팔다리가 있었다. 희망은 사람의 모양으로 생겼으며 사람들이 모여서 이루는 물결의 모양으로, 바람 속에 흔들리는 깃발의 펄럭임으로, 행진하면서 남기는 불빛의 궤적으로 형태를 바꾸었다. 온라인으로만 '커뮤니티'라는 것을 접하다가 아주 오랜만에 사람들이 살아 움직이는 공동체의 모습을 보는 건 활기차고도 즐거운 경험이었다.

처음 여의도광장으로 달려갔을 때, 색색의 빛

---

* 리베카 솔닛, 『어둠 속의 희망』, 설준규 옮김, 창비, 2017, 32쪽.

을 내는 응원봉의 물결이 놀랍고도 아름다웠다. 더 나은 세상을 만들어가자는 자리에 '내가 가진 가장 소중한 것'을 들고 나오는 마음이라니. 나도 집에 있는 리코더를 갖고 나왔어야 했나 싶었다.

시민들이 저마다 자신의 의견을 발언하는 사이사이 쉼 없이 흘러나오는 노래들도 굉장했다. 2016년 촛불집회 때보다 K팝의 레퍼토리가 엄청나게 늘기도 했고, K팝을 즐기는 팬 문화도 자연스럽게 집회 문화에 영향을 주고 있음이 보였다.

그 가운데는 새로운 시대의 운동가라 일컬을 만한 노래들도 있었다. 예를 들어 탄핵 집회가 광화문광장으로 무대를 옮겼을 때 뮤지컬 배우들이 목소리를 모은 〈레 미제라블〉 가운데 〈민중의 노래〉가 그랬고, 2010년대 이후의 〈아침 이슬〉이 된 소녀시대의 〈다시 만난 세계〉가 그랬다.

그렇긴 해도 태반은 그저 신나서 트는 곡들이었다. 다양한 응원봉을 들고 나온 시민들에게 감사의 의미로 그들이 응원하는 아이돌의 곡을 돌아가며 들려주겠다는 화답 같기도 했다. 로제와 브루노 마스의 〈아파트〉가 집회와 잘 맞는 노래라서 광장에서 울려 퍼지는 건 아니다. GD의 〈삐딱하게〉가 나름 저항 정신을 담고 있는 가사라, 그나마 집회에 어울려서 선곡되는 것도 아닐 거다.

집회에서 K팝 플레이리스트를 트는 이유는 가사나 음악의 형식이 집회와 직접적으로 관련이 있어서라기보다는 거기 모인 사람들의 맥박을 빠르게 하고, 비트 수가 적절해서 흥을 돋우며, 따라 부르는 동안 추위를 잊게 만들기 때문일 것이다. 좋아하는 노래는 마음을 벅차오르게 하니까.

2, 3주에 한 번씩 일정이 허락할 때 띄엄띄엄 집회에 나가는 동안 점점 다양한 깃발이 보였고 푸드트럭이나 커피차가 등장했다. 그러니까 음악이 사람들을 움직인다는 말은 정확하지 않다. 많은 이가 모인 자리에 나아갈 때 자기가 좋아하는 뭔가를 깃발로 만들어서 보여주고 싶어 하는 마음과 같이 자연스럽게, 사람들이 있는 곳에는 어디나 맛있는 음식처럼, 따뜻한 음료처럼 음악이 필요한 것이다.

그즈음 팟캐스트에서 리코더와 우쿨렐레 연주로 〈다시 만난 세계〉를 커버했다. 어두운 연말을 보내는 중인 청취자들에게 보내는 선물이기도 했지만, 우리 스스로 그 시기를 견디기 위해 기대는 의식이기도 했다.

연습 중인 음악이 어렵다는 점은 마음이 어지러울 때 특히 도움이 된다. 악보를 따고 곡을 익히는 동안에는 세상의 걱정거리들을 잠시 잊을 수 있으니까. 이례적으로 화음 파트까지 녹음해서 방송을 업데이트하자 이전에 가끔 음악 연주를 내보내면 잘한다, 귀엽다 칭찬하던 청취자들이 이번에는 눈물을 흘렸다는 리뷰를 많이 보내주었다.

'라시도도 도시솔 도시솔 솔라미레도시 시라도' 하는 피리 소리를 들으면 이 노래를 아는 모두가 각자 생각만 해도 강해지는 누군가를, 힘을 내어 지키고 싶은 소중한 무언가를, 언젠가 다시 만날 더 나은 세계를 떠올리게 되기 때문이 아닐까. 음악에는 이런 힘이 있다.

피리와 총이 비슷하게 긴 막대 모양으로 생겼다는 점을 떠올려본다. 피리는 행렬에 앞서며 사람들은 자발적으로 피리를 따라간다. 만약 한 무리의 사람들과 총을 든 사나이가 있다고 상상해보면 어떨까? 그 반대의 그림이어야 이치에 닿을 것이다. 총을 든 자는 사람들을 앞세우고 행렬 맨 뒤에서 총구로 위협하며 몰아갈 수는 있지만 자신을 뒤따르게 할 수는 없다.

하멜른에서 어린이들이 사라진 사건은 약속과 보상의 정의가 제대로 지켜지지 않는 이 공동체에 미래가 없다는 의미를 상징할 것이다. 피리 부는 사나이는 새로운 세계의 약속, 희망을 믿는 젊은 사람들이 낡은 체제의 질서를 과감하게 떠난다는 의미의 암시가 아니었을까? 어린이들이 피리 부는 사나이에게 홀려 맹목적으로 따라갔다기보다 새로운 세계를 향해 나아가려는 어린이들 옆에서, 사나이가 피리를 불어준 건 아닐까 추측해본다.

동화에 글로 묘사되지는 않았지만 피리에서 흘러나오는 곡조, 눈에 보이지 않는 음악이 각자의 가슴 속에 있는 꿈을 일깨우는 일종의 신호였을지도 모른다. 노래는 미래로 가는 사람들이 공유하는 '묵주 기도, 경전, 진언, 군가'이기 때문이다.

총의 힘은 강력하나 사람들을 완전히 굴복시키지는 못한다. 음악 소리는 미약할지라도 그 힘은 다른 방식으로 강력해서 사람들을 하나로 묶고 아주 멀리까지 데려간다. 아니, 아주 멀리까지 함께 가려는 사람들 곁에 있어준다.

긴 겨울을 과거로 보내고 새로운 미래를 맞는 중이다. 아니, 계절이 바뀌듯 자연스럽게 그리 된 게 아니다. 한겨울 추위 속에서도 가만히 웅크리는 대신 광장으로 모였던 많은 사람이 빛과 온기를 모아, 힘겹게, 그러나 능동적으로 새로운 시대를 열고 있다. 그들 각자가 처한 삶의 조건이 존중받는 세상을 바라고 꿈꾼다. 고(故) 노회찬 의원이 말했던 '모든 시민들이 악기 하나씩은 연주할 수 있는 나라'도 그 하나가 될 수 있지 않을까.

바를 정(正) 스무 번이면
망신을 면하리라

어린 시절부터 반복되는 나만의 망상이 있다. 무대에서 연주를 앞둔 피아니스트와 객석에 앉아 있는 내 영혼이 맞바뀌어 당황하는 상상이다.

사춘기 딸 린제이 로한과 엄마 제이미 리 커티스의 영혼이 서로의 몸에 바뀌어 들어가는 영화 〈프리키 프라이데이〉에서처럼 남자와 여자, 나이 든 사람과 어린 사람의 영혼이 서로의 몸에 잘못 들어가는 바람에 안 맞는 옷을 입은 듯 뚝딱대는 설정은 코믹 판타지 영화나 드라마에서 심심치 않게 쓰인다. 다만 내 버전은 웃음기 전혀 없이 심각하다는 점이 다르달까.

한 음도 제대로 연주할 능력이 없는 나는 쩔쩔매며 무의미한 소음을 내다가 그만 얼어붙고, 공연을 보러 온 많은 사람 앞에서 망신을 당한 끝에 처참해져서 무대에서 내뺀다.

이런 황당한 상상은 내가 누리는 객석의 안전, 구경꾼으로서의 평화를 매번 확인하고 만끽하기 위해 무의식이 소환하는 두려움인지도 모르겠다. 많은 사람이 나를 지켜보고 있어 떨리고 긴장되는 무대 공포보다는, 사람들 앞에서 진짜가 아님이, 알맹이 없음이 들통날지 모른다는 불안의 감각이다.

물론 그런 일은 일어날 리 없다. 나는 보이지

않는 울타리 이편에서 조용히 안도하며 그저 앉아 들으면 되는 음악 소비자의 편안한 상태를 만끽한다. 다수 속의 익명으로 아무것도 하지 않아도 되는 관객/뭔가를 보여줘야 하는 무대의 아티스트라는 이분법은 내 안에서 확고했다. 8백 명 앞에서 리코더를 불게 되리라고는 상상도 하지 못하던 때다.

*

세상의 모든 첫 기회는 언제 올까? 굳게 다짐했을 때, 완벽하게 준비를 마친 때, 그런 때를 기다렸다가 사뿐히 매끄럽게 오는 법이라곤 없다. 약간의 사소한 우연, 어떤 너그러운 사람의 손짓, 갑작스럽지만 마음을 끄는 권유, 어쩌면 할 수 있을지 모른다는 치기와 함께 우당탕 닥친다.

2022년 서울사이버음악대의 첫 공연도 그랬다. 알고 지내던 작은 서점의 오픈 4주년 기념일에 이용자들 앞에서 연주를 해보지 않겠냐는 이야기는 김하나와 나에게 그야말로 '거절할 수 없는 제안'이었다. 한 해에 책 한 권도 읽지 않는 성인 인구가 절반을 넘는다는 이 나라에서, 동네 서점은 책을 좋아하는 사람들에게 마음 붙일 구석이자 세상으로 열린 창이 되어준다. 작가이자 독자인 우리로서는 생일뿐 아니라 그 존재 자체를 어떤 방식으로든 축하하고 또 응원하고 싶었다.

덜컥 수락하고 나니 두렵긴 했다. 30여 년 만에 리코더를 손에 쥐게 되고, 삐익대며 불어보다가, 온라인 라이브를 켜둔 채 몇 번 연주했을 뿐인데, 뜻밖에 공연까지 하게 되는 기회가 왔다. 그런데 이런 걸 사람들에게 보여주어도 될까? 무대라는 공간, 재능과 전문성을 가진 특별한 사람들만의 장소라고 여겨왔던 그곳에 얼렁뚱땅 서게 된다니. 내 지위는 평화롭던 관객에서 위태로운 공연자로 한순간에 역전되었다.

처음으로 우리 집 고양이들 외에 살아 있는 생명체를 앞에 놓고 연주를 해보는 환경은 대체로 느긋한 성격인 나로서도 꽤 떨렸다. 책방 한편, 소규모 북토크나 독서 토론이 이루어지곤 하는 작은 공간에는 벽을 바라보고 업라이트 피아노가 놓여 있기는 했지만 무대와 객석의 구분도, 높낮이 차도, 조명도 없었다. 코로나 시기라 투명 아크릴로 된 가림막이 앞에 놓여 있었고, 첫 줄에 앉은 관객과는 거의 신발 앞코끼리 닿을 거리였다. 우리 집 고양이들의 10배수나 되는 30여 명의 관객들이, 같은 눈높이에서 내 흔들리는 눈동자를 보고 있었다.

'여자 둘이 음악하고 있습니다'라는 제목으로

열린 그날의 첫 오프라인 공연에서 우리는 여섯 곡을 연주했으며, 단 한 곡도 빠짐없이 실수를 했다. "여러분 놀라셨죠? 이렇게 못해도 되는 건 아마추어의 특권입니다"라는 멘트로 곡과 곡 사이를 다독여가며.

망신스러웠나? 전혀. 처참했나? 그렇지 않다. 실수 연발이었지만 연주자들도, 책방 관계자들도 (그리고 아마 관객들도) 수상할 정도로 즐거웠다. 그날, 늦여름 저녁의 책방에는 범실이 여럿 기록되는 동시에 짜릿한 홈런의 순간도 터지는 야구장 같은 공기가 감돌았다. 8월 말이라는 시기는 마지막 곡 이문세의 〈가을이 오면〉과 잘 어울렸다. 옛 노래가 아직도 마음을 설레게 한다는 노랫말을 가진 옛 노래를, 고개를 까딱이며 따라 부르는 관객들의 입 모양을 보며 예감했다. 아, 어쩌면 앞으로 이걸 계속하게 되겠구나.

*

아무리 작은 공연이라도 공연에는 예술 감독이 필요하다. 서사음 두 사람 가운데서는 우쿨렐레 연주자인 김하나가 그 역할을 담당하는데, 음악 프로듀서로서의 또 다른 자아랄까 부캐의 이름은 '김씨존스'다. 마이클 잭슨의 〈스릴러(Thriller)〉 앨범을 비롯해 다양한 팝 음악 걸작을 만들어낸 프로듀서이자 작곡가였던 퀸시 존스에 대한 존경의 의미를 담아 (스스로) 따온 이름이다.

우리 듀오는 여러 번의 무대를 거치며 다소 부족한 음악적 테크닉을 충만한 표현력과 찰떡같은 팀워크로, 또 사이사이 대화와 만담으로 채워가면서 여백 많은 커리어를 이어왔다. 주로 북토크에 연주를 결합한 형식의 공연이었지만 자세만큼은 전문 음악인 못지않게 진지하다.

본인의 악기인 우쿨렐레도 즐겁게 연주하지만 김씨 존스가 가장 빛을 내는 상황은 합주를 이끌 때다. 아마추어 연주자들을 데리고, 시간적으로나 연주 역량으로나 제약이 많은, 아니 제약뿐이라고도 할 환경 속에서 격려와 칭찬, 정확한 지시, 그럴싸해 보이는 포장술을 섞어가며 괜찮은 결과물을 만들어낸다.

마치 세계적인 팝스타들이 LA에 한데 모이는 딱 하루 그래미 시상식의 밤을 활용해 그들을 어르고 달래 장기를 끌어내며 몇 시간 만에 뚝딱 〈위 아 더 월드(We Are the World)〉 녹음을 지휘했던 퀸시 존스처럼(이 흥미진진한 과정은 넷플릭스 음악 다큐멘터리 〈팝 역사상 가장 위대한 밤〉에서 확인할 수 있다) 김혼비와 함께 우쿨렐레-리코더-목탁 트리오 편성으로 합주했을 때, 김씨 존스는 최초로 타악기가 가미된 연습에 쓸 목탁을 위한 악보 '목탁보'를 발명해서 호흡을 맞춘 바 있다.

　김씨 존스와 나는 공연을 앞두면 우선 연주하고 싶은 곡을 서로 제안해서 곡 목록(setlist)을 정한다. 다음에는 곡마다 악보를 딸 차례. 악보 책을 구매하거나, 온라인 유료 악보 사이트에서 악기별 스코어를 내려받는 걸로 쉽게 끝나는 법은 드물다. 대체로 조성이 맞지 않기 때문에, 표현할 수 있는 음역대가 좁은 소프라노 리코더에 맞추어 멜로디를 조옮김하고, 우쿨렐레의 코드도 거기에 맞추어 옮기는 과정이 필요하다.

　언젠가는 유료 악보 사이트에서 2천 원 정도를 내고 악보를 내려받았는데, 내 구매 목록 옆에 '조바꿈' 버튼이 있는 걸 발견했다. 구입한 악보의 코드를 자동으로 옮겨주는 서비스가 있다니 이렇게 신기하고 편리할 수가! 눌러보니 자동으로 변환되는 게 아니라, 어느 조성을 원하는지 적어서 신청하면 관리자가 직접 조옮김한 악보를 보내주는 완전 수제 사람지능 시스템이었다. 가격은 한 곡에 3천 원. 그 뒤로 우리는 두 곡을 조옮김하고 나면 '6천 원 벌었다'라고 농담을 한다.

공식 악보를 구하기 어려운 경우에는 귀에 들리는 대로 부분 부분 리코더로 불어보며 조금씩 음을 덧대듯 악보를 만들어간다. 스트로크가 다양한 우쿨렐레는 리듬을 살짝살짝 바꿔가며 곡마다 어울리는 주법을 조정하는 일도 필요하다.

이렇게 정확한 음을 찾아가는 과정은 마치 눈에다 검은 안대를 두른 채 손끝으로 더듬은 물체를 그림으로 그리는 것 같다. 그렇다면 연습은 안대를 벗고, 계속 선을 다듬으며 조금 더 실물과 가깝게 그려나가는 지난한 덧칠의 과정일 테고.

리코더를 연주할 때는 노래하듯 표현하는 게 중요하기 때문에 가사가 있는 곡의 경우 노랫말을 꼭 보면서 분다. 가사를 한 소절 적고, 아래에 계이름을 한 줄 덧붙이는 식으로 악보를 표기하고 여기에 김씨 존스의 특별 주문 사항도 적어둔다. 오선지에 음표 표기가 아닌, 나만을 위해 제작하는 수제 악보다.

*

첫 공연으로부터 3년이 채 지나지 않은 2025년 4월, 첫 공연 때의 스무 배가 넘는 8백 명의 관객 앞에서 리코더를 연주하게 되었다. 팟캐스트 여둘톡의 세 번째 공개방송 장소를 건국대학교 새천년관 대극장으로 정한 것이다. 이로써 1주년 때 3백 명, 2주년 때 5백 명의 관객 앞에 공연했던 서사음은 역대 가장 규모가 큰 무대를 앞두게 되었다.

공연장 답사를 가서 두 사람에게는 광활하기 짝이 없는 무대에 서서 빈 객석을 바라보며 나는 생각했다.

'어쩌다 여기까지 왔을까….'

표는 오픈 1분 만에 매진되어서 잘 준비해야 한다는 부담감을 더했다. 김하나의 어머니인 『즐거운 어른』의 이옥선 작가가 특별 출연자로 나와 노래도 들려주기로 결정되면서 우리의 공연 준비는 탄력을 받았다.

어머니의 오랜 애창곡인 패티 킴의 〈빛과 그림자〉, 그리고 어머니와 젊은 세대 관객들의 교집합이 되어줄 곡으로 최백호의 〈낭만에 대하여〉를 함께 골랐다. 우리가 우쿨렐레와 플루트로 반주를 맡기로 한 2부 공연은 이 대형 가수의 존재감에 묻어갈 수 있을 듯했다. 다만 1부의 서사음에게도 큰 무대에 걸맞은 강력한 신곡이 필요했다.

"이거야, 리코더로 이걸 해내면 관객들이 멋있어서 기절할 거야."

김하나가 나에게 제안한 곡은 무한궤도의 〈그대에게〉였다.

도솔도레도레솔파 미레도레미도
파미도도레미파미도 파미도도레미파미도
도솔도레도레미 레미파미파솔~

옆에 있던 리코더를 집어다 불어보니 벅찬 절정을 향해 빌드업을 쌓아가는 이 곡 특유의 전주가 바로 나왔다. 음계는 쉬웠다. 할 수는 있었다. 다만 하는 것과 '잘'하는 건 전혀 다른 문제가 아닌가. 게다가 관객들을 기절시킬 정도로 잘한다는 건…. 기절할 정도로 어렵다.

이 곡의 가장 큰 난관은 속도였다. 건반에 잘 맞도록 작곡되어 키보드의 매력을 극대화하는 전주를 리코더 속주로 소화하기는 불가능해 보였다. 손가락의 움직임과 혀의 움직임(텅잉)을 둘 다 재빠르게 이어가야 하고 동시 동작이 유격 없이 맞아야 하는데, 잠시라도 삐끗하면 금방 비포장도로에 들어선 자전거처럼 덜컹거렸다. 한 번 쭉 불어본 나는 단호하게 거부했다.

"못 해, 이건 리코더를 위한 곡이 아니야."

그런데 시험 삼아 불어본 그걸 듣고 김씨 존스는 잘한다며 나를 부추겼다. 약간의 가능성을 봤을 수는 있다. 조금만 기를 살려주면 성실한 내가 알아서 연습하리라는 계산도 있었을 것이다. 프로듀싱 능력에는 뮤지션의 성격에 대한 파악도 분명 포함된다. 다른 곡으로 방향을 돌릴 만한 뾰족한 대안이 내게는 없었고, 김씨 존스는 단호했다. 그렇게 〈그대에게〉가 정해졌다.

'옥선나 트리오.' 옥선+선우+하나 이름에서 한 글자씩을 딴 조합으로 이번 공연 3인조의 타이틀을 정했다.

옥선나 트리오를 위한 준비는 어렵지만 새로운 도전이 주는 재미도 컸다. 〈빛과 그림자〉의 걸쭉한 색소폰, 〈낭만에 대하여〉의 열정적인 스패니시 기타가 김씨 존스의 마술적 디렉팅을 통과해 플루트 솔로로 변신했다.

연습 초반, 〈빛과 그림자〉에서 질퍽하게 흐드러지는 색소폰 느낌을 내기에는 나의 플루트 소리가 너무 청아하다며 김씨 존스는 이렇게 주문했다.

"지금 플루트 소리는 마치 〈알프스 소녀 하이디〉 같아. 그럼 안 돼. 〈무한도전〉에서 정형돈이 앞니로 아랫입술 깨물며 과하게 느끼는 표정 있지? 그

느낌으로 가보자."

나는 악보에다 조용히 이렇게 적었다.

'형돈 입술 깨물.'

그때부터는 연주가 느끼하게 잘 됐다.

한편 매번 반박자를 빠르게 들어가곤 했던 보컬 옥선은 김씨 존스에게 반복해서 지적을 당하자 단호하게 선언했다.

"이거는 아티스트의 느낌대로 가는 거야. 내가 내 감정대로 조절하면 너희가 따라와!"

제아무리 김씨 존스 아닌 퀸시 존스라도 감히 77세의 디바를 지도할 수는 없었다.

공연 일주일을 앞둔 시점부터는 리코더 연습의 비중을 늘려나갔다. 김하나가 〈그대에게〉 스트로크를 발전시키는 동안, 나는 전주를 완성하는 데 공을 들였다. 혼자 하는 연습은 한결 고독하고, 틀릴 때 함께 웃어버릴 수 없어 괴로움도 더 크다.

조금씩 더 빠르게, 손가락 움직임을 더 부드럽게, 텅잉을 더 자연스럽게, 그리고 손과 호흡이 한 덩어리가 되어 함께 움직이도록…. 느낌이 왔다가 사라지고, 손에 쥐었다가 놓치고, 코앞이다가 멀어졌다.

몇 번을 더 해야 완성될까? 점프 연습을 하면

서 빙판에 수도 없이 나동그라지는 주니어 피겨 선수의 마음이 되었다.

*

공연이 3일 남은 수요일 아침, 나는 백지를 한 장 꺼냈다. 그리고 그 위에 바를 정(正) 자를 한 획씩 쓰기 시작했다. 正 자가 스무 개가 될 때까지, 아무 생각 하지 말고 해보자. 〈그대에게〉 전주만 백 번을 연습해보자. 왜 백 번인지 근거는 없었다. 그냥 떠올릴 수 있는 가장 많은 수 중에 가장 현실적인 수가 백이었다.

공연 날 아침 바를 정 자를 세어보니 열여덟 개, 그리고 그 옆에 그어진 획이 두 개. 연습 횟수는 총 92까지 왔다. '옥나'와 마지막 점심을 먹고 공연장으로 출발하기 직전 차에서, 공연장에 도착해서 리허설 때, 리허설을 마치고 대기실에서도 짬이 날 때마다 연습을 더 했다.

최후의 순간까지 포기하지 않는 나를 보며 김하나는 시험지 돌리기 직전까지 책을 안 덮는 수험생 같다고 했다. 하지만 참고서를 덮기 직전에 본 바로 거기서 문제가 나온다면?

연습을 백 번 꽉 채우면 실수를 하지 않을 것 같기도 했다. 아니, 백 번을 채우고도 실수한다면 어쩔 수 없는 내 한계라 받아들일 수 있을 것 같았다. 늘 마지막 순간에는 아쉬움이 남는다. 세 시간만 더 연습했더라면 더 잘할 수 있었을까? 하루만 더 시간이 주어졌더라면 조금 더 나았을까? 바를 정 자 그리기는 5 곱하기 20번을 채우기 직전인 98에서 끝이 났다.

과연 무대에서 연주한 〈그대에게〉에서는 실수가 벌어졌을까? 놀랍게도, 확인하지 못했다. 그날 〈그대에게〉는 결국 선보이지 못했기 때문이다. 관객들이 참여하는 퀴즈며 토크 프로그램이 길어지면서 대관 시간에 쫓겨 싱겁게도 자체 편집되었다. '백 번의 법칙'이 유효할지 알아볼 기회조차 없었다, 허망하게도.

시간을 오버하지 않으려고 곡을 빼자고 한 건 내 결정이었지만 역시 아쉬웠다. 실수를 여러 번 했더라도 공들여 준비한 〈그대에게〉를 무대에서 선보일 수 있었다면 좋았을 것이다.

오직 실수하지 않기를 목표로 삼는다면 완벽하게 마친 공연과 하지 않은 공연은 구분할 수 없어진다. 아무 실패도 좌절도 하지 않는 삶이란 제대로 살아보지 않은 삶과 다름없을 것이다.

빛을 보지 못한 〈그대에게〉는 그다음 주 '여자

둘이 토크하고 있습니다' 팟캐스트에 녹음 버전으로 넣기로 했고, 김씨 존스는 합주 두 테이크 만에 오케이!를 외쳤다. 팟캐스트 게시판에는 이런 댓글이 달렸다.

"와, 선우 하나 버전의 〈그대에게〉는 충격적인데요?! 인상이 너무 강렬해서 먼 훗날에도 '너 이 연주 처음 들은 순간 뭐 하고 있었니?' 물어보면 떠올릴 수 있을 정도예요. 리코더의 기교도, 배경을 가득 채워주는 우쿨렐레도 최고네요."

이제 깨닫는다. 무대에서는 무결해야 하는 것이 아니다. 불완전한 채로 나다움을 보여주면 된다. 그곳까지 닿도록 이끌어준 기회에, 사람들에 감사하면서. 연습해온 시간을 믿고 집중하면 된다. 고난도의 퍼포먼스를 수월하게 해내는 전문 공연자의 우아함은 분명 경탄할 만하다. 하지만 무대에서 노력하는 아마추어 연주자의 열정을 보며 땀이 밴 손바닥을 쥐락펴락하며 함께 응원하는 즐거움 또한 객석에서 누리는 재미가 아닐까.

작은 동네 서점의 서가는 세상 모든 책을 담을

수 없어도 운영자만의 취향과 선택으로 만들어진 개성 있는 모습으로 독자와 만난다. 나와 리코더가 서는 공연도 그렇지 않을까.

무대란 수백 개의 우연이 맞닿아 공연자와 관객이 공유하는, 다시 돌아오지 않을 귀한 시공간을 단 한 번의 기억이 되도록 색칠하는 곳이다. 서로의 에너지를 주고받는 장소다.

30명 앞의 책방부터 8백 명 객석의 대극장까지 여러 무대를 거쳐왔다. 그 3년 동안 내 리코더 실력이나 기교가 발전한 것도 맞다. 그런데 더 크게 성장한 건 부족한 실력을 다루는 배짱이며, 나로서 할 수 있는 최고치가 이만큼임을 받아들이는 겸허함이고, 관객들의 호의에 대한 믿음이다.

상대적으로 특별한

나는 특별한 사람이라는 생각, 나는 지극히 평범한 사람이라는 생각. 둘 중에 어느 쪽을 믿는 편이 사는 데 도움이 될까? 스스로 뛰어나다고 자신했다가 실망하는 일도 생기고, 지극히 무난한 사람이라 여겼던 자신에게서 어느 순간 독특함을 발견하게 되기도 하면서 사람은 갈지자로 성장한다. 세상 속의 자기 자리를 가늠해본다. 그러다 어느 순간 '나만 그래?' '다른 사람들은 이렇게 안 해?' 하게 되는 깨달음이 찾아오기도 한다. 인식하는 사람에 따라 세계가 하나의 동일한 모습이 아닐 수도 있다는 것, 그 속을 살아내는 방식도 모두의 조건에 따라 다르다는 것을 발견하며 우리는 자신을 알아간다.

    많은 사람은 음악을 들으면 따라서 흥얼대거나 노래할 수 있다. 악보를 보지 않고도, 자연스럽게 귀와 몸으로 그런 반응이 일어난다. 내 경우에는 노래를 들으면 리코더로 따라 불 수 있다. 조성이 복잡하지 않은, 길지 않은, 멜로디가 또렷한 곡이라는 조건이 붙긴 하지만 해보면 될 때가 많다. 노래를 따라 부를 때와 달리 리코더를 불 때는 손가락을 제대로 된 자리에 짚어야 하므로 음계를 알아야 한다. 그렇게 할 수 있는 이유는 음악이 나에게 계이름으로 들리기 때문이다.

귓가에서 노래가 3초 정도 흐르면 머릿속으로 자연스럽게 음에 이름표를 붙이는 과정이 벌어지기 시작한다. 애국가는 '솔도시라 도솔미솔 도레미파 미레 솔파미레 도시라솔미 솔도레미도'라고 들리고, 〈문 리버〉는 '솔 레도 시라솔파솔 도 시라솔파솔 도레'라고 들리며, 베토벤 교향곡 5번 〈운명〉 1악장은 '미미미도 레레레시'로 들린다. 들으면서 자연스럽게 계명창이 일어나는 셈이다. 남들도 다 그런 줄 알았다.

어른이 되어 나처럼 듣는 능력을 '상대음감'이라고 부른다는 걸 알게 됐다. 모두에게 음악이 이렇게 들리지는 않는다는 것도 나중에야 알았다. 내가 어떤 노래를 듣고 바로 리코더로 따라 부는 걸 처음 봤을 때 김하나는 놀라움과 대견함을 느꼈다고 토로하며 영화 〈빌리 엘리어트〉에서 아들이 춤추는 광경을 최초로 목격한 빌리 아빠에 스스로를 비유했다.

상대음감은 음과 음 사이의 거리와 관계로 계이름을 파악하는 능력이다. 그러니까 정확한 음을 아는 것과는 좀 달라서, 조옮김을 하더라도 음 사이의 거리가 동일하다면 같은 음 진행으로 인식한다. 예를 들어 애국가를 사장조로 '레솔파#미 솔레시레 솔라시도시라 레도시라 솔파#미레시 레솔라라시솔'

로 연주하는 소리나 바장조로 조옮김해서 '도파미레 파도라도 파솔라시b 라솔 도시b 라솔 파미레도라 도 파솔솔라파'로 연주하는 소리나 상대음감의 귀에는 똑같이 들린다.

왜 그러냐고 물으면… 그냥 그렇다고밖에 답할 수 없다. 드라마 〈대장금〉에서 고기반찬의 단맛이 홍시에서 온다는 걸 알아차린 어린 장금이가 "홍시 맛이 나서 홍시라 생각한 것이온데…" 하는 것처럼. 세상의 어떤 부분은 내가 애쓰지 않아도 그냥 그렇게 다가온다.

클래식 음악을 다룬 만화나 드라마에서 엄청난 재능으로 묘사되는 '절대음감'은 어떤 음을 들어도 정확하게 맞히는 능력이다. 커피잔에 스푼이 부딪치며 달그락대는 소리가 어떤 음인지, 옆집 강아지가 낑낑대며 짖는 소리가 어떤 음인지를 88개의 피아노 건반에서 정확하게 짚어내는 역량이라 생각하면 과연 대단하다.

절대음감을 타고난 사람들은 대략 천 명에서 만 명 가운데 한 명이며, 말 자체에 높낮이가 있는 중국이나 베트남 언어 사용자 가운데 더 흔하다고 한다. 온라인에는 여러 버전으로 절대음감 테스트가 돌아다니기도 한다. 해봤는데 나는 60문항 중 열아

홉 개를 맞혔다. '전문가의 음감은 못 됩니다. 취미로 악기를 연주하는 수준이군요'라는 결과를 보면서 이 테스트의 정확도가 꽤 믿음직스러웠다. 절대음감을 가진 사람들은 음악을 한 번 들으면 그 음정 그대로 악기를 연주할 수 있다고 한다. 샤이니 키나 오마이걸 미미처럼 춤에 뛰어난 재능을 가진 사람들이 한 번 본 안무를 수월하게 따라 추는 것과 비슷한 재능일 것이다.

　　오디오 피디인 친구 J가 오래전의 경험을 들려준 일이 있다. 친구는 K팝 가사 관련된 업무로 미팅할 일이 있어 당시 업계 선두에 있던 K노래방 기기 회사에 방문했다고 한다. 사무실에는, 마치 요즘의 공유 오피스에 전화 통화를 위한 작은 부스가 있는 것처럼 방음 부스 여러 개가 눈에 띄었다. 당시 친구의 미팅 상대였던 이사의 설명에 따르면 부스는 한 사람씩 들어가서 신곡을 프로그래밍하는 작은 스튜디오였다.

　　노래방에 신곡을 업데이트하려면 반주 악보를 컴퓨터에 '찍는' 작업이 필요한데 이걸 한 사람씩 '방'에 들어가서 한다는 것이다. 그러니까 신곡을 틀어놓고, 한 음 한 음 수작업으로…. 귀에 들리는 대로 키보드를 눌러가며 건반 한 트랙, 기타 한 트랙, 드럼 한 트랙, 이런 식으로 미디에 입력한다는 설명이었다. 그러면서 이사는 노래방에 신곡이 나오면 인터넷에서 내려받는 게 아니라, 영업사원이 USB며 CD에 파일을 담아 전국을 돌면서 '사장님, 업데이트 한번 하셔야죠?' 하던 시절을 회고했다고 한다.

당시에도 음원에서 악기 트랙들을 한 번에 추출해주는 프로그램이 이미 존재했어서 친구는 의아해하며 물었다고 한다. "왜 이걸 일일이 사람이 해요?"

노래방 이사는 답했다. "그게 더 오래 걸려요. 어차피 작업자들이 다시 들으면서 검수해서 수정해야 하거든요. 그러니 처음부터 사람이 하는 게 제일 빠르죠."

친구는 그날 거기서 들은 말을 잊을 수 없다고 했다. "아래층에서 절대음감 20명이 일하고 있습니다."

이제는 노래방 업계의 산업 지형도 바뀌었고 기술도 발전했으니 '사람이 제일 빠른' 시대는 아닐 것이다. 훨씬 자동화된 방식으로 노래방 반주 음원을 만들지 않을까 싶다. 하지만 21세기 초반 어느 시점까지도 K노래방에 간 한국인들은 절대음감들이

한 음 한 음 찍어 만든 '수제 반주'에 맞춰 소찬휘의 〈티얼스〉나 임창정의 〈소주 한 잔〉을 부르고 있었다고 생각하면 기분이 이상하다. 노래방 기계 하나하나 뒤에 절대음감 한 사람 한 사람이 앉아서 일하는 방음 부스가 연결되어 있기라도 한 것처럼.

 절대음감들이 모여 일하는 그 부서의 명칭은 뭐였을까? '절대음감팀'은 아니었겠지. 그들의 직급도 대리님 과장님이었을까? 서로 '프로님'이라고 호칭하는 광고 회사처럼 어쩐지 '고수님'이나 '절대님'이라고 불러야 할 것 같지만 그러진 않았겠지…. 절대음감들끼리 각자 부스에 앉아 노래를 수제로 찍다가 점심시간에 같이 수제 돈가스나 수제 버거를 먹으러 가면 거리의 소음들이 특정 음으로 들려서 머릿속에 악보가 찍히는 바람에 소란스럽다는 등의 업무 고충을 공유하기도 할까? 더 자세히 물어보지 않고 돌아온 친구를 규탄한다.

 절대음감은 이처럼 전문적인 직업으로 연결되기도 한다. 반면 상대음감은 훨씬 흔하기도 하거니와 호명되고 인정받는 경우가 잘 없다. 살면서 딱히 써먹을 데도 없다. 오직 한 가지 경우, 바로 리코더를 연주할 때 말고는.

 이 상대음감 덕분에 나는 인터넷에서 따로 악

보를 찾아보기 전에도 커버하고 싶은 곡이 있으면 리코더의 음역 안에서 대략의 음계를 짚어낼 수 있다. 덕분에 아주 만족하며 리코더 연주 생활을 즐기는 중이다. K노래방 회사에서 방음 부스를 하나 차지할 수는 없지만 오직 나에게만 쓸모 있는 작은 기술이다.

신라시대를 배경으로 한 역사 미스터리 추리 소설 『설자은, 금성으로 돌아오다』 시리즈를 쓴 정세랑 작가는 대학에서도 역사교육을 전공했다. 편집자와의 인터뷰에서, 언제부터 그리고 왜 역사에 관심을 두기 시작했느냐는 질문을 받자 그는 이렇게 답했다.

"초등학생 때부터 박물관이나 유적지에 가면 가슴이 뛰었습니다. 다들 그런 줄 알았는데 아니더라고요(웃음)."

다들 그런 줄 알았는데 아닌 것, 나만 유독 그런 것이 누구에게나 있다. 그런 걸 재능이나 소질이라고 부를 수도 있을 것이다. 절대적으로 뛰어난 사람, 탁월한 능력을 갖춘 사람은 매우 드물다. 하지만 상대적으로 남들과 다른 부분이라면 누구나 갖고 있다. 남들이 심상하게 지나치는 것에 가슴이 뛴다면, 세상을 남들과 다르게 감각한다면, 다른 사람들보다 뭔가를 더 좋아한다면 거기에서 자기만의 상대적인 특별함이 시작된다.

나의 상대음감은 그 자체로 대단한 능력은 아니지만 내가 리코더를 좋아한다는 점과 만나면서 쓰임과 의미를 갖기 시작했다. 이 치열한 세상에서 굳이 모두가 뛰어나고 남보다 탁월해야 할 필요가 있을까? 다른 누군가의 기준에 따르면 절대적인 행복에 도달하지 못하는 것처럼 보이더라도 얼마든지 상대적으로 만족하며 살 수 있다.

나는 다른 사람들과 비슷한 정도로 특별함을 갖고 있는 평범한 사람이라 생각한다. 절대음감 테스트에서는 3분의 1도 못 맞히는 수준이지만 상대음감을 가진 덕분에 리코더를 아주 즐겁게 연주할 수 있다. 김하나가 "Are you kidding?" 같은 영어 문장이나 "고양이 모래 갈아나쓰요?" 같은 사투리 문장을 과장되게 발음하면서 억양을 음계로 표현해보라는 문제를 내면, 진지하게 탐구하며 같이 낄낄댈 수도 있다.

미솔#레#시?

레파파 라솔 라라시솔#파#.

살면서 점점 확신하게 된다. 뭔가를 남들보다 좋아하는 마음만큼 대단한 재능이나 소질도 없음을.

거기서 열심과 꾸준함, 자발성과 연결의 힘이 지속적으로 나오기 때문이다. 리코더를 좋아하는 마음이야말로 내 재능이고 소질이다. 그것으로 인해 남들과 다른 내가 되고 내 인생의 많은 이야기가 생겨난다. 최고가 아니어도, 탁월하지 못해도, 특별하지 않아도 그거면 충분하다.

세상은 영원히 지루하지 않을 것이다

세상 많은 놀이는 제약이 있어서 성립한다. 저녁 먹을 시간이 되면 아쉬움을 안고 집으로 돌아가야 하기에 운동장 흙장난이 더 신났던 것처럼. 화수분으로 계속 샘솟는 게임 머니를 가지고 〈심즈〉를 한다면 무슨 희열이 있을까? 동네 놀이터에서 하던 술래잡기의 무대를 갑자기 드넓은 상암 월드컵공원으로 옮겨놓는다면 응집력도 쾌감도 떨어질 것이다. 리코더의 재미도 그와 비슷하다. 아주 단순한 플라스틱 악기가 가진 뚜렷한 한계 안에서 나름 한 꼬집의 예술성을 흩뿌려보는 것이 이 놀이에 지워진 한계이자 규칙이다.

한편으로, 갖고 놀 때는 이처럼 충분한 리코더이지만 악기의 관점으로 보자면 아쉽기도 했다. 좁은 음역대와 작은 음량으로 인한 표현의 한계가, 움직일 여지가 좁아서 부대끼는 놀이터 같았다. 리코더와 비슷한 계열의 다른 관악기를 배워보면 어떠려나? 나의 미약한 질문에 어느 날 친구 Y가 우렁찬 응답을 보내왔다. 중학생인 딸이 사용하던 플루트를 빌려줄 테니 한번 배워보라는 제안이었다.

나는 내심 플루트를 일방적으로 원망하던 중이었다. 서양 음악 역사에서는 플루트의 번영과 맞물려 리코더의 쇠퇴기가 찾아왔기 때문이다. 19세기 이전까지는 '플루트'라고 하면 보통 리코더를 지칭했으며 지금의 플루트는 '가로 플루트'라는 더 좁은 이름으로 불렸다. 그런데 기술이 발달해 플루트가 점점 개량되고, 더 큰 음량과 더 화려한 음색이 주목받으며 리코더를 밀어낸 것이다. 소리가 작은 리코더는 다른 악기들과 함께 연주되는 기회가 줄어들면서 점점 전문 연주자들의 세계에서 밀려났다. 플루트는 리코더가 갖고 있던 이름도 독차지하고 오케스트라 안에서의 지위와 듣는 이들의 사랑도 빼앗았다. 그런데 이제는 내가 같은 이유로 플루트를 기웃대고 있다니! 나는 리코더에게 배신자가 되나?

새 악기에 관한 이야기를 나눈 시기가 늦가을 쯤이었다면 자연스럽게 흐지부지될 수도 있었을 텐데 때는 하필 뭐라도 해볼 수 있을 것 같은, 뭐라도 시작해야만 할 것 같은 1월이었다. 그렇게 신년회 자리에서 악기를 건네받으면서 플루트 초보 생활이 시작되었다.

한동안 목요일에는 플루트, 토요일에는 중국어 수업을 들었다. 인구 밀도가 높은 구축 아파트 상가에 있는 플루트 교습소를, 독서 교실이며 프로그래밍 학원에 다니는 어린이들 사이에 섞여 오가기 시작했다.

첫 수업에서는 악기 소리 내는 법도 몰라 관으로 바람 빠지는 푸석한 소리만 났다. 입술을 모아 숨을 흘리지 않고 내보내는 연습부터 시작했다. 다음으로 통과해야 할 관문은 바른 손가락 자리를 외우는 것이었다. 목관악기는 음마다 손가락 짚는 법이 정해져 있는데 플루트의 음역대는 세 개 옥타브니까 반음까지 모두 서른여섯 개의 손가락 자리를 익혀야 한다. 가장 낮은 옥타브는 리코더와 비슷해서 큰 어려움 없이 외웠고, 가장 높은 옥타브는 소리 내기도 어려워 천천히 조금씩 배워갈 예정이니 시간이 충분했다.

문제는 모든 곡에 가장 많이 쓰이기에 당장 익히지 않으면 안 되는 중간 옥타브 영역 음의 손가락 움직임이었다. 중간 옥타브 도의 운지법은 왼손 검지와 오른손 새끼손가락만 누르고 나머지 모든 손가락을 뗀다. 한 음 위인 중간 옥타브 레는 그 두 손가락을 떼고 나머지를 다 누른다.

단지 한 음 차인데 모든 손가락이 순식간에 위치를 바꿔야 한다. 평범한 '도레도레' 음 조합이 가장 어려워서, 이 소리를 내려면 양손이 정반대 손가락 모양을 오가느라 불안정한 덜컹덜컹을 반복해야 했다. 움직임이 자연스럽지 않으니 손가락 위치도 쉽게 외워지지 않았다. 시트콤 〈프렌즈〉 등장인물 여섯 친구 가운데 음유시인인 피비는 기타 코드를 G 세븐, A마이너 같은 정식 명칭으로 부르는 대신 지판을 짚는 왼손의 모양을 따서 임의로 이름 붙인다. '곰 발바닥' '칠면조 다리' '빙산' 등등. 나 역시 플루트 운지를 암기하기 위해 속으로 이름을 떠올렸다. 도는 '집게+새끼' 레는 '나머지 전부'.

40대에 새로운 악기를 배우는 건 40대에 새로운 외국어를 배우는 일과 여러모로 비슷했다. 지금 내가 이걸 시작해서 절대로 유창해지거나 밥벌이에 활용할 가능성이 없다는 게 명백하다. 두뇌도 관절도 더 말랑말랑한 시절에 시작했더라면 훨씬 빠르게 늘었을 텐데, 둘을 외우다가 하나는 잊어버리면서 울퉁불퉁 더디게 나아간다.

그저 정해진 구멍과 키를 손끝으로 짚고 눌렀을 뿐이건만 수업이 있던 날 자려고 누우면 어찌나 손가락 마디마디가 뻐근하고 팔꿈치가 아린지. 아마 잘 안 되는 소리를 억지로 내느라 온몸에 힘을 주고 용을 써서 그럴 것이다. 사람에 길들여지기를 거부하는 야생마처럼 플루트의 곧고 강직한 몸은 내 손끝에서 강력하게 저항했다. 뭘 배워도 '힘 빼기의 기술'이 필수임을 깨달았는데, 깨닫는다고 해서 바로

몸에 적용할 수 있는 것도 아니었다.

    일하고 운동하고 집안 돌보는 루틴 속에 바쁘게 지내다 보면 일주일에 한 번 수업 시간을 지키기란 쉽지 않다. 매일 일정하게 연습할 시간을 내는 것도 어려운 일이다. 외국어 공부도 악기 연습도, 이걸 반드시 할 이유는 없는 대신 수업에 빠질 사유는 매주 생긴다. 그저 재미있다는 사실, 조금씩 나아질 때의 즐거움이 나 자신을 밀고 가는 추진력이다. "메뉴판 좀 주시겠어요? 독일 맥주 석 잔 주문할게요." 몇 가지 외국어 단어를 외우고 배운 문장 구조를 조합해서 입 밖으로 내어볼 때와 친숙한 멜로디를 내 연주로 따라가며 완성할 때 느끼는 순수한 기쁨의 모양은 서로 닮았다.

    남들이 수월하게 해내는 듯 보이는 곡이 실상 얼마나 어려운지 경험하면서, 그간 심상하게 들어 넘기던 모든 플루트 연주와 그 소리의 창조자들을 존경스러운 눈빛으로 바라보게 되었다. 곡마다 시범을 보여주시는 플루트 교습소 원장님은 물론이고, 나보다 앞 시간에 수업을 받는 세상 심드렁한 표정의 초등학생 선배님도 마찬가지다. 저 5학년 선배님만큼만 불 수 있다면 얼마나 좋을까? 앞으로 몇 년이나 더 배우면 가능할까?

그런데 원장님 말씀에 따르면 어린이들이라고 해서 반드시 빠른 속도로 발전하는 것은 아니라고 한다. 처음에는 어른들이 오히려 더 빨리 느는데, 다만 어느 순간 이후부터 꾸준함을 잃는다는 것이다.

"연습 해 오셨어요? 아휴, 너무 좋아. 어른들은 이렇게 집에서 연습도 해 오고."

"아이들은 연습을 안 해 오나요?"

"그럼요."

어른들이 연습을 해 오는 이유를 나는 알 것도 같았다. 스스로 번 돈으로 수업료를 내기 때문이다. 성인이 새로운 악기를 배운다는 것의 의미를 아시나요? 자신의 소중한 시간을 바쳐 벌어 온 돈, 그리고 그 돈을 버느라 더욱 빈곤해진 시간을 기꺼이 바친다는 의미랍니다. 그리고 굳어버린 뇌와 손가락을 어떻게든 소생시키려 발버둥 치죠. 좀처럼 늘지 않는 실력과 뜻대로 움직이지 않는 몸뚱이를 슬퍼하며….

"아이들은 별생각을 안 하고 그냥 불거든요. 그래서 오래 해요."

"어른들은 어떤데요?"

"생각이 너무 많죠."

아이들은 그냥 한다. 자기 생각에 걸려 넘어지

지 않고, 멈춰 서성대지도 않고, 그렇게 쭉 멀리 간다. 내가 잘하고 싶다고, 너무 못한다고, 얼마나 연습하면 도대체 언제부터 잘하게 될까 생각하는 동안, 심지어 생각하는 그 시간도 연습인 줄 착각하는 동안, 별생각 없이 그냥 할 수 있는 아이들의 단순성이 부러웠다. 아이들은 다른 사람과 자신을 비교하지도 않을까? 몇 년을 더 해야 어느 정도 수준에 가닿을지 하는 계산도 멈춰두기 때문에 계속할 수 있는 걸까? 너무 생각하지 않아야 계속할 수 있다는 말에 대해서조차 생각이 많은 어른이 나였다.

잘 못하는 과정까지 즐기는 수준의 몰입이 가능해지려면 '하고 있는 나를 보고 있는 나'의 스위치를 꺼야 한다. 원장님은 나에게 한 가지 조언을 덧붙였다. 너무 열심히 하지 말라는 당부였다.

"하루에 세 시간씩, 집에 방음실을 설치해두고 열심히 연습한 수강생이 있었어요."

하루에 세 시간이라고? 불가능이다. 한 시간만 연습해도 몸살이 날 지경이다.

"와, 그분 지금은 완전 잘하시겠네요?"

"아뇨, 완전 그만뒀어요. 1, 2년 정말 성실하게 했는데 아무리 열심히 해도 본인이 기대한 만큼 실력이 늘지 않으니까 지치더라고요."

"그만두지 않고 오래 다니고 있는 성인 회원도 있나요?"

"그럼요, 10년째 배우고 있는 분도 있어요. 그분은 절대 열심히 안 해요. 수업도 한 번에 30분만 받겠다고 해서, 잠깐 불다가 금방 집에 가요."

김하나가 떠올랐다. 집 근처 청소년센터에서 우쿨렐레 수업을 받는 몇 달 동안 김하나는 선생님에게 당당하게 요청한 바 있다.

"숙제는 내주지 마세요. 저는 이 수업에 와서 즐겁게 연습하는 걸로 충분하면 좋겠어요. 숙제를 못 해서 수업에 오는 게 부담스러워지면 곤란하니까요."

천재는 노력하는 사람을 이길 수 없고, 노력하는 사람은 즐기는 사람을 이길 수 없다는 말이 이런 뜻일까? 재능은 고만고만하지만 즐기는 마음을 가진 사람이야말로 결국 오래 노력도 할 수 있으니까 말이다.

생각과 연습, 두 가지를 덜 해야겠다고 단단히 마음먹었다. 아무래도 어른보다는 어린이 제자가 많아서인지, 원장님은 가끔 내가 틀린 데 없이 한 곡을 마치면 어린아이에게 하듯 "옳지!"라고 반사적으로 칭찬했다가 본인 입에서 튀어나온 반응에 화들짝 놀라신다. 학원 한쪽에 초콜릿이며 과자를 산처럼 쌓아두고 수시로 그걸 권하는 것도 어린이들과 오래 수업해온 원장님의 습관이다. 어린이에게 친절하고 관대한 공간은 어른이 머무르기에도 편안하다.

플루트 실력은 더디게 나아갔다. 훌륭한 음악만 골라 듣는 청취자로 살아온 어른의 귀로 형편없는 자신의 연주를 견디는 일이 연습의 큰 괴로움이었다. 〈반짝반짝 작은 별〉은 충분히 반짝이지 않고 〈노래는 즐겁다〉는 서글프게 들리며 〈환희의 송가〉는 처절함의 송가로 들렸다. 하지만 쑥쑥 눈에 띄게 성장하는 신록과는 다르게 어느 날 살며시 고개를 내미는 이파리를 발견하는 느린 희열도 세상에는 있는 법이다.

내 본업의 많은 부분은 키보드 위에서 손가락을 움직여 이루어진다. 끙끙대며 마감하고, 편집자의 피드백이 돌아오면 글을 고쳐서 다시 보내기도 한다. 강연 요청을 거절하면서 왜 그 일을 할 수 없는지 사유를 쓴다. 혹은 수락하면서 일의 조건을 조정해달라는 요청도 한다.

생각을 더 정교하게 꺼내놓으려고, 더 정확한 문장에 가닿으려고 노력하며 생각만큼 잘 되지 않아 번번이 좌절도 한다. 내가 속한 말과 글의 세계가 가진 속성이 그처럼 명백하기도 하거니와 돈을 받으면서 하는 업무니까 허투루 할 수 없다. 그러는 동안 손가락은 키보드 위에서, 앞에서 천천히 움직이다가 멈춰서 가만히 기다리는 시간이 길다. 내 글을 읽고 생각이 넓어졌다며 즐거워하는 독자를 만나기도 하지만 별 한 개짜리 악평과 마주하는 경험도 생긴다. 본업의 세계에서는 이래저래 압박감과 스트레스를 피해 살기가 어렵다.

글 쓰는 일을 할 때의 즐거움도 있다. 어디부터 손대야 할지 모를 만큼 엉킨 타래처럼 복잡하던 생각의 얼개를 짜고 조금씩 실마리를 풀어가다 보면 다 잊고 지금 마주한 글과 나만 남는 순간이 찾아오는데, 바로 그때다. 그리 길지는 않지만 글 한 편을 완성하다 보면 빠르거나 늦거나, 그런 경험이 반드시 온다. 누군가의 청탁, 원고료, 마감 일정 같은 앞뒤의 복잡한 사정들이 잊히고 문장 자체에만 조명을 비춘 듯 고도로 집중해 파고드는 상태가 된다. 글쓰기가 능동적인 활동이 되는 그런 순간에는 일하는 고단함보다 몰입의 기쁨이 크게 번진다.

훨씬 쉽게, 그리고 자주, 확실한 몰입의 즐거움을 경험하는 방법이 악기 연주다. 음계와 선율의 세계로 들어가면 언어의 세계보다 편안하다. 음악이야말로 가장 보편적인 언어라고도 하지만 일단 내가 구사하는 전문 분야는 아니다. 그곳에서 나는 당연히 서투르고, 서투른 나 자신에게 얼마든지 관대할 수 있다.

어떻게 연주해도 수행평가를 착실하게 준비한 초등학생처럼 들리는 리코더는 특히 관대함의 기준이 낮다. 리코더를 연주하는 몰입의 순간에만큼은 내가 얼마나 엉성한지까지 쉽게 잊는다. 그렇게 키보드가 아닌 리코더 위에서 손가락을 움직일 때 내가 사라지고 소리가 남는 몰입감을 즐긴다.

플루트를 배우면서는 당연히 더 서투르고, 따라서 더 겸손해졌다. 악보의 페이지를 넘겨 볼 때면 아직 내가 해내지 못하는 곡이 이렇게나 많이 존재한다는 사실에 부담 대신 설렘을 느낀다. 객관적으로 명확하게 못하는데 어째서 이리도 즐거울까? 아마추어만이 누리는 특권이다.

호주에서 서핑을 배운 적이 있다. 나도 일행들도 서툴러서 제대로 파도를 잡아타지 못하고 보드 위에 올라서는가 싶다가는 자꾸만 고꾸라지는데도 강사는 '뷰티풀' '어메이징' '그레이트'를 연발했다. 한국에서 배울 때의 강사처럼 '그렇게 하시니까 잘 안 되는 거예요' 하는 지적이 전혀 없었다. 처음에는 이 사람이 나를 놀리나 싶었는데 세션이 끝나고 나서 깨닫게 되었다. 가르치는 사람과 배우는 사람 사이에 문화적인 차이가 아주 컸던 거다.

서핑 강사는 멀리 여행 와서 아름다운 바다가 있으니 느긋하게 즐겨보라는 마음으로 과정의 노력을 기꺼이 칭찬해줬고, 배우는 나는 더 효율적으로 얼른 잘하는 결과를 이루고 싶어서 급하고 초조하니 스트레스를 받고 있었다. 한국에서 남반구까지 데려온 버릇이었다.

취미의 영역에서조차 뭔가 이루려고 할 때, 나보다 잘하는 타인과 비교할 때면 즐겁지 않아지는데 정신을 바짝 차리지 않으면 그렇게 되기가 너무 쉽다. 성취와 비교의 잣대로 모든 걸 판단하기가. 탁구를 배울 때는 얼마나 쳤느냐고 누가 물어보면 2년이 넘도록 계속 '반년 좀 넘었다'라고 답했다. 친 기간에 비해 실력이 부족해서 부끄러웠다. 대체 누구에게 부끄러울 일이라고.

사전에서 취미의 정의를 찾아보면 '전문적으로 하는 것이 아니라 즐기기 위하여 하는 일'이라 되어 있다. 그러니까 취미의 반대말 자리에는 직업이나 생계, 본업이 있겠다. 생계의 영역에서 우리는 쓸모 있는 사람이기를 요구받는다. 쓸모 있고 유능한 사람이 되려고 노력할수록 스스로 잉여롭고 가치 없는 사람처럼 느껴지는 순간이 종종 온다. 취미의 영역에서는 지식이나 경험이 부족해도 좋다. 실력이 빼어나지 못해도 괜찮다. 어디까지나 즐기기 위해 하는 일이기 때문이다.

그래서 어른에게는 취미 생활이 있어야 한다. 반드시 필요하지 않은, 하지 않아도 되는 잉여의 영역을 가꾸고 지켜내면서 내가 좀 못해도 괜찮다는 감각을 느껴보는 시간이 필요하다. 어른에게 취미는 일에서 오는 긴장이나 불안 같은 부정적인 감정을 해소하고 스트레스를 푸는 안전 공간이 되어주기도 하며, 새로운 인간관계를 맺고 유지하는 장이 되기도 한다.

직업 밖에서 보람과 인정, 재미와 기쁨을 누리는 일은 직업인으로서의 자아 외에도 자기 자신이 어떤 사람인지 정체성을 형성한다. 사회적 성취 말고도 자신을 설명해주는 언어가 있다는 게 단단한 인간으로 살아가는 데 도움이 된다. 필수적인 일만 평균 이상으로 잘해내려 애쓰다 숨 막혀 죽지 않도록 거든다. 프로필에 '아마추어 리코디스트'라고 적을 때 느끼는 은밀한 소속감은 나를 건강하게 지켜준다. 취미 생활에서마저 치열한 '갓생'을 살겠다는 자세가 아니라 서툴러도 즐거울 수 있다는 마음, 내가 몰두해서 살아 있음을 만끽하는 게 곧 쓸모라는 태도가 때로는 효율과 성과의 차가운 세계로부터 우리 정신의 체온을 유지해준다.

　이번 주말에도 어떤 사람은 나무를 다듬어 가구를 만들고 누군가는 연필로 종이 위에 스케치를 하거나 희고 검은 건반을 두드리면서, 말과 글, 서류와 계약서, 숫자나 실적이라는 한기로부터 피신할 것이다. 빡빡한 세상 속에 숨 쉴 구멍을 내고 있을 것이다.

　탁구는 슬그머니 그만뒀지만, 플루트는 1년을 넘겨 계속하고 있다. 어떤 취미는 그만두고 어떤 취미는 계속하게 되는 차이는 좋아하는 마음의 강도 같다. 똑같이 못하더라도 더 좋아하는 걸 할 때는 나의 못함을 견딜 수 있다. 모멸감을 버틸 만하다.

　이제 나는 플루트의 바이엘에 해당하는 알테 교본 1권과 연습곡집인 가리볼디 에튀드 131번을 마쳤으니, 피아노로 치면 체르니 30번 정도의 단계에 와 있다. 연습도 생각도 너무 많이 하지 말자는 처음의 다짐을 지키려 애쓰는 건 좋아하는 이 취미를 오래오래 즐기고 싶어서다.

　외국어 실력이 계단식으로 는다고 했던가? 악

기도 마찬가지다. 매번 턱턱 걸려 넘어지던 고음 옥타브 솔, 라, 시, 도 소리가 하나씩 날 때 한 계단. 가느다랗기만 하던 소리에서 비브라토가 조금 느껴질 때 한 계단. 폐활량이 딸려서 두 마디마다 숨을 쉬어야 했는데 호흡이 조금 길어졌을 때 한 계단. 하농을 처음 시작했을 때는 한 곡을 연습하고 나면 기운이 쏙 빠졌는데 어느새 에너지가 남아 있을 때 또 한 계단. 꾸밈음이 그럴싸해질 때 한 계단. 샵과 플랫이 세 개 붙은 악보를 초견으로 더듬더듬 연습할 수 있게 되면서 또 한 계단. 몇 달에 한 계단씩을 천천히 올라가는 일이 신기하고 기분 좋다. 한참 같은 계단 위에 머물러만 있다고 느낄 때는 또 어느새 생각이 많아지지만 말이다.

무엇보다 가장 순수한 즐거움은 음악 그 자체에서 온다. 연습하고 있는 곡의 아름다움을 느낄 때 행복하다. "곡이 진짜 좋아요!" 연습 사이에 감탄하면 플루트 듀엣으로 반주 성부를 연주해주던 선생님도 웃음을 담아서 답한다. "그죠? ____니까요. 명곡인데 편곡도 너무 잘했어." ____에는 바흐, 하이든, 모차르트, 베토벤, 슈만이 매번 다르게 들어간다.

음악에 가만히 귀 기울이는 순간도 좋아하지만, 연주할 때는 내가 엉터리로 내는 소리와 상관없이 이 위대한 예술가들에게 1센티미터 정도 더 가까이 다가간다. 전문 연주자들이 뛰어난 해석과 재현을 통해 관객에게 음악을 체험시키는 것과 다른 층위의, 조그맣고 자기 만족적인 행위를 통해 음악을 이해하고 느낀다. 주의 깊게 독서하고 노트에 혼자만 볼 수 있게 필사하면서 어떤 작가와 연결되는 기분이 이와 비슷한지도 모르겠다.

플루트를 배우는 일이 리코더에 대한 배신이 아닐까 하는 걱정은 어리석었다. 두 악기를 오가며 음악에 대한 사랑이 더 커졌다. 플루트를 잘하고 싶다는 욕심은 나를 긴장시키고 분발하게 만든다. 정체되어 있다는 조바심을 느끼게 하고, 성실한 노력을 촉구한다. 그러다 보면 어느새 한 계단 위로 올라서는 성취감도 준다.

리코더는 계단에 속해 있지 않다. 이 악기를 손에 쥐면 계단 바깥에 서게 된다. 아니 중력에서 약간은 벗어나는 느낌이다. 플루트를 불다가 리코더로 돌아올 때마다 발목에 모래주머니를 차고 달리다가 떼어낸 것처럼 가뿐하게 손이 가볍다. 생각이 없어진다. 플루트는 더 알고 싶은 열망을, 리코더는 다 잊어버리는 몰입을 준다. 나를 물리적 나이와 상관없는 유년의 마음으로 되돌려놓는다. 두 악기의 세계는 평화롭게 나의 신체와 정신을 공유한다.

어른에게는 학원 가기 싫을 때 야단치는 엄마가 없지만, 퇴근 후의 시간을 쪼개 스스로 연습해 오는 능동성이 있다. 무념무상의 집중력, 흡수력이 좋은 두뇌, 유연한 손가락은 어린이의 것일지 모르나 어른의 배움에는 자발적 의지라는 힘이 있다. 스스로의 선택을 소중하게 가꿔나가는 굳건함이 있다.

중국어 선생님은 자신이 가르친 어느 할아버지 학생이 처음에는 발음과 성조를 정말 어려워했지만 마지막 과정을 마칠 때 훨씬 나아졌다며 이렇게 표현했다. "그분은 성인이니까 혼자서 스스로 힘을 냈나 봐요." 어른이 되어서도 뭔가를 배운다. 그 과정에서 혼자서 스스로 힘을 낸다. 세상은 영원히 지루하지 않을 것이다.

나를 만든 세계, 내가 만든 세계
'아무튼'은 나에게 기쁨이자 즐거움이 되는,
생각만 해도 좋은 한 가지를 담은 에세이 시리즈입니다.
위고, **제철소**, **코난북스**, 세 출판사가 함께 펴냅니다.

아무튼, 리코더

1판 1쇄 발행 2025년 7월 1일
1판 2쇄 발행 2025년 7월 25일
지은이 황선우
펴낸이 이정규
디자인 이지선
펴낸곳 코난북스
출판등록 제2024-000077호
전화 070-7620-0369
팩스 0505-330-1020

conanpress@gmail.com
conanbooks.com
facebook.com/conanbooks

ⓒ황선우, 2025

ISBN 979-11-88605-34-7 02810